COLONIES

PAR

M. DEJEAN DE LA BATIE

PARIS

6, RUE NEUVE-DE-L'UNIVERSITÉ,

1866

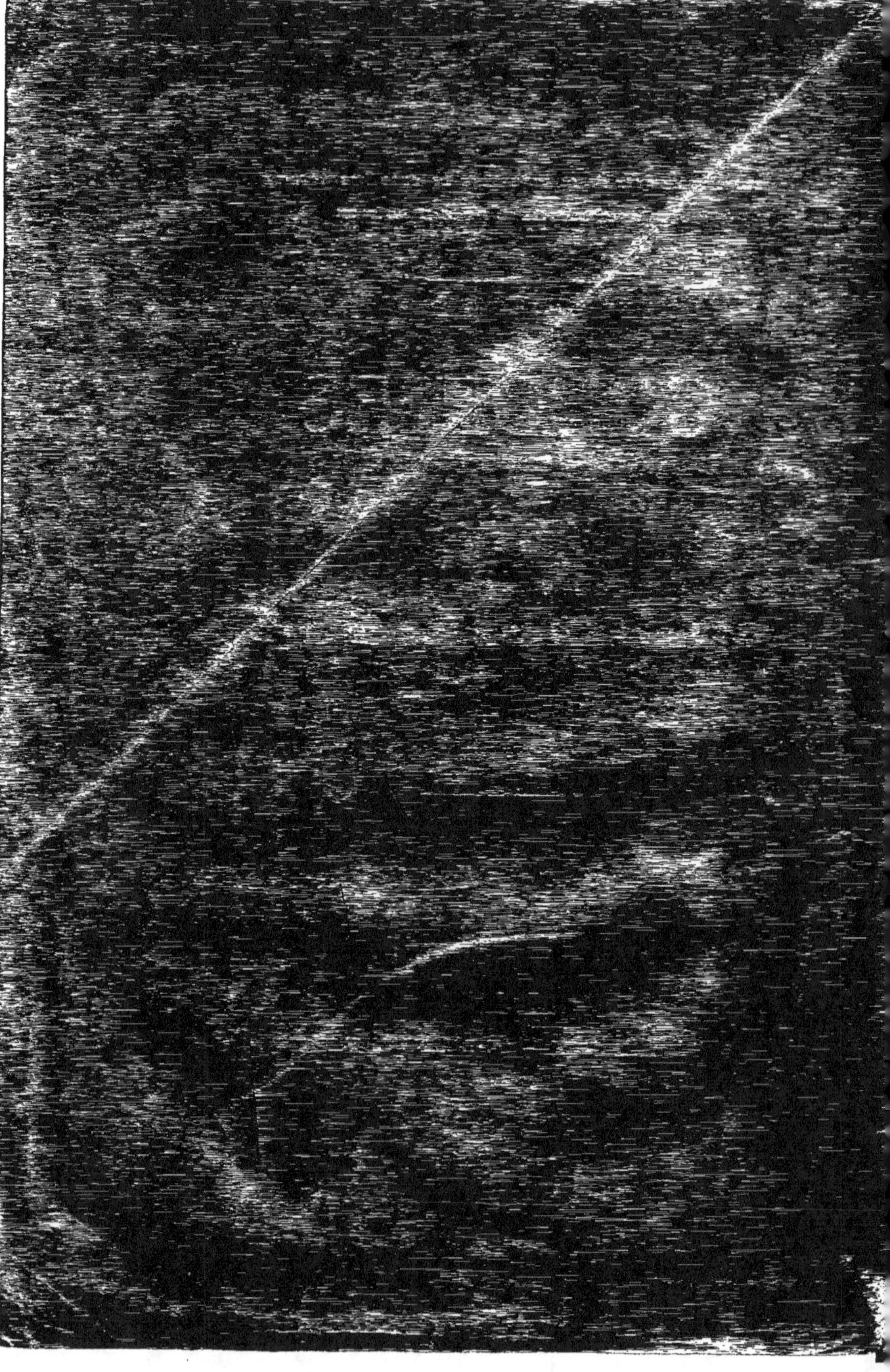

COLONIES

PAR

M. DEJEAN DE LA BATIE.

EXTRAIT DE L'ENCYCLOPÉDIE DU XIXe SIÈCLE
(3e ÉDITION)

PARIS

AU BUREAU DE L'ENCYCLOPÉDIE DU XIXe SIÈCLE,

6, RUE NEUVE-DE-L'UNIVERSITÉ.

1866

COLONIE. — On appelle *colonie* une société distincte qu'un État a fondée hors de son territoire, au moyen d'une portion de sa population. Quelquefois les colonies sont indépendantes de la mère patrie, comme quelques-unes des anciennes colonies grecques et presque toutes les colonies phéniciennes ; plus souvent elles restent dans une dépendance plus ou moins étroite de leur métropole, comme la plupart des colonies modernes. On voit des colonies dont le territoire tout entier est occupé et possédé par la société nouvelle, comme les Antilles, Cayenne et Bourbon ; on en voit où cette société ne se réserve guère que le gouvernement, comme le Sénégal et l'Inde.

Les premières sont, en général, des colonies agricoles ; les secondes sont des colonies commerciales : plusieurs réunissent à des degrés différents l'un et l'autre caractère, comme l'Algérie. Nous ne connaissons guère aujourd'hui que des colonies européennes.

Nous diviserons en quatre parties tout ce que nous avons à dire, soit des colonies en général, soit, en particulier, des colonies françaises.

Dans la première, nous traiterons des colonies anciennes.

Dans la seconde, nous examinerons le principe de la fondation des colonies modernes ;

Dans la troisième, leur législation ;

Dans la quatrième, leur importance.

I. DES COLONIES ANCIENNES.

§ Ier. *Aperçu général.* — Les principaux peuples colonisateurs de l'antiquité ont été les Phéniciens, les Grecs et les Romains. Les colonies de ces trois peuples avaient un caractère particulier qu'il est important de distinguer.

Les établissements des Phéniciens étaient surtout des comptoirs de commerce qui servaient à accroître la puissance financière et l'activité maritime de leur métropole ; ceux des Grecs étaient à la fois commerciaux et agricoles : pour les Romains, leurs colonies étaient agricoles, militaires et politiques. — Les postes et comptoirs phéniciens établis sur le littoral de la mer Méditerranée et sur les mers adjacentes devinrent immédiatement des États indépendants : il n'en fut pas de même des colonies grecques ; celles-ci conservaient, avec la mère patrie, des liens politiques et religieux qui ne se rompirent que peu à peu et à la longue. Les établissements des Romains, au contraire, ne cessèrent jamais de faire partie de la république ; ils contribuaient à étendre et à maintenir sa puissance sur les peuples vaincus, et ils coopérèrent ainsi à la conquête du monde.

Après avoir indiqué ces caractères généraux, passons à un examen rapide des colonies fondées par ces trois peuples.

§ II. *Colonies phéniciennes.* — La Phénicie n'était point un État constitué avec unité ; elle se composait de plusieurs villes indépendantes l'une de l'autre, qui ne pouvaient fleurir dans leur isolement politique que par le commerce et la navigation : Tyr était la plus puissante de toutes ces villes. Dès les temps les plus anciens, elle sentit le besoin d'avoir, dans les contrées éloignées, des comptoirs pour son négoce et des lieux de relâche pour ses vaisseaux. Ce furent là les premières colonies des Phéniciens : elles s'échelonnaient sur tout le littoral de la mer Méditerranée, à une époque où ils étaient le seul peuple navigateur de l'Occident. Ils eurent d'abord des postes et des comptoirs dans les îles de Chypre, de Crète et dans les Cyclades, d'où ils furent, plus tard, expulsés par les Grecs. Leurs colonies les plus importantes furent *Carthage, Utique, Hadrumète*, sur la côte d'Afrique, et, en Espagne, *Carteïa, Tartessus* et *Gadès*, aujourd'hui *Ca-*

dix. En Sicile, ils avaient *Panorme* (Palerme) et *Lilybée*, dont les ports étaient excellents ; ils s'étaient établis à *Mélite* (Malte), à *Cythère* (Cérigo), et l'on prétend même qu'ils avaient précédé les Phocéens à Marseille. Le commerce qu'ils faisaient par terre dans le sein de l'Asie, au moyen des caravanes, n'était pas moins important : ils avaient une route commerciale qui aboutissait à l'extrémité septentrionale de la mer Rouge, où ils avaient créé les comptoirs d'*Elath* et d'*Ezion-Gaber ;* une autre route conduisait, vers le golfe Persique, aux établissements de *Tylos* et d'*Aradus* (îles Bahrein), qui servaient d'entrepôts au commerce de l'Inde et de la Chine.

Tyr, attaquée plusieurs fois par les princes voisins, jaloux de sa prospérité, s'était toujours relevée de ses ruines ; elle succomba définitivement quand Alexandre le Grand eut déplacé les grandes routes du commerce de l'Orient et de l'Occident par la fondation d'Alexandrie.

Carthage succéda à la prospérité maritime de *Tyr* et, de plus que sa métropole, eut la gloire de disputer à Rome l'empire du monde. *Carthage* avait été fondée par une faction mécontente et vaincue qui, sous la conduite de Didon, princesse du sang royal, transporta ses foyers, ses richesses et son industrie sur la côte d'Afrique. Soit à cause de sa position centrale, soit plutôt par la supériorité de son origine, elle fut bientôt à la tête des colonies phéniciennes qui l'avaient devancée, et qui, sous son empire, formèrent une confédération redoutable. *Carthage* imita *Tyr* en continuant à établir des comptoirs fortifiés, tels que *Carthage la Neuve* (Carthagène), *Barcelone*, *Port-Mahon ;* mais aux séductions du commerce elle ajouta la force des armes, s'attachant surtout à conquérir les îles et les ports : c'est ainsi qu'elle s'empara de la Sardaigne tout entière et des Baléares, et qu'elle tenta, à plusieurs reprises, de subjuguer la Sicile. Il paraît qu'elle étendit sa navigation dans l'Océan jusqu'aux îles Canaries et à Madère, tandis que, du côté du nord, elle établit des relations avec la Grande-Bretagne.

La constitution politique de Carthage admettait une aristocratie fondée à la fois sur la naissance et sur les richesses, mais toujours mélangée de démocratie. Les affaires étaient entre les mains de deux suffètes ou rois ; le choix des magistrats appartenait au peuple.

On ne connaît que très-imparfaitement le système financier des Carthaginois. Les principales sources de leur revenu étaient 1° les tributs en argent qu'ils tiraient des villes alliées ; 2° les taxes arbitraires qu'ils imposaient aux pays conquis et qui étaient payables en denrées ; 3° les redevances que payaient les hordes nomades dont la république était environnée ; 4° les droits de douane ou de péage, qui étaient levés avec une grande rigueur, non-seulement à Carthage, mais encore dans toutes les colonies ; 5° les produits des mines, particulièrement de celles d'Espagne, qui étaient très-riches.

Ce fut en appliquant son système de conquête à la Sicile que Carthage, d'abord arrêtée par les tyrans de Syracuse, finit par y rencontrer les Romains, avec lesquels elle engagea une lutte d'un siècle dans laquelle elle succomba.

§ III. *Colonies grecques*. — Les Grecs, en se transportant dans des contrées étrangères, donnèrent naissance à plusieurs nations nouvelles. Aucun peuple ne conduisit au dehors plus de colonies que les Hellènes, et plusieurs de ces colonies devinrent tellement florissantes, qu'elles firent oublier leur métropole et jouèrent un rôle principal dans la politique du monde ancien. Par sa position géographique, la Grèce se trouvait dans les conditions les plus favorables pour recevoir les premiers colons qui vinrent s'établir sur ses côtes, de la Phrygie, de la Phénicie et surtout de l'Egypte. Mais bientôt la Grèce, à son tour, répandit sur toutes les côtes voisines la surabondance de population qu'elle nourrissait sur le continent et dans les îles. Ce mouvement d'émigration commença dans les temps héroïques et prit une impulsion très-vive après la guerre de Troie. Les principales colonies grecques étaient, au nord et à l'est, sur le littoral de la mer Noire et sur les côtes de la Thrace et de l'Asie Mineure ; à l'ouest, en Sicile et dans l'Italie inférieure, qui finit par porter le nom de grande Grèce. Les colonies grecques étaient surtout fondées dans des vues politiques, quand c'était la mère patrie elle-même qui les établissait ; mais, quand certaines colonies, parvenues à un haut degré de prospérité, se hasardaient à créer de nouveaux établissements au dehors, ces colonies étaient, en général, guidées par des vues commerciales. Les rapports des colonies avec leur métropole étaient surtout déterminés par les motifs de leur établissement. Quand une ville était fondée par des citoyens que la violence avait obligés à quitter leur pays, son indépendance s'ensuivait naturellement; pour les autres, le lien subsistait, mais il avait peu de force et semblait ne devoir durer qu'autant qu'il leur était nécessaire.

Les plus anciennes colonies grecques étaient celles de l'Asie Mineure, qui fait face à la Grèce : ces belles contrées avaient été occupées par trois races ou tribus helléniques : les Eoliens, les Ioniens et les Doriens Les mœurs s'y policèrent tout d'abord ; Homère, Alcée et Sapho y prirent naissance, tandis que le reste de la Grèce était encore barbare. Les colonies éoliennes étaient les plus septentrionales; elles occupaient, outre les rives de Mysie, les îles de Lesbos et d'Hécatonnèse; elles se composaient de douze villes, dont les principales étaient *Cymé*, *Smyrne* et *Mitylène*. Les Achéens, chassés de l'Attique dans le xie siècle avant l'ère chrétienne, avaient fondé les colonies ioniennes; ils occupèrent une partie des côtes de Carie et celles de la Lydie et, en outre, les îles de Samos et de Chios. Ils fondèrent aussi douze villes de terre ferme, dont les principales furent *Phocée*, *Clazomène*, *Éphèse* et *Milet*. Ces douze villes formèrent une confédération politique, le *Panionium*, mais elles gardèrent leur indépendance intérieure *Milet* prit un essor commercial et maritime avant toutes les autres villes ; elle couvrit de ses comptoirs toutes les côtes du Pont-Euxin et des Palus Méotides, et y fonda plus de trois cents colonies. La conquête des Perses, au temps de Cyrus, lui ravit sa prospérité en même temps que l'indépendance. Les principales colonies milésiennes du Pont-Euxin étaient : sur la côte méridionale, *Heraclée* de Bithynie, *Sinope*, patrie de Diogène, la plus considérable de toutes; *Amysus*, dans le Pont, dont *Trapezus* (Trébisonde) fut la colonie. A l'est, les villes de *Phasis*, de *Dioscurias* et *Phanagoria* étaient les principaux marchés d'esclaves sur un littoral qui n'a pas cessé, jusqu'aujourd'hui, de faire ce trafic. Sous la période des rois d'origine macédonienne, ces villes recevaient les denrées de l'Inde; enfin la colonie de *Panticapée* était la principale de la Chersonèse Taurique.

Les colonies doriennes, au nombre de six, s'étendaient au sud des ioniennes; leurs villes principales furent *Cnide* et *Halycarnasse*, qui surent conserver leur indépendance au temps de la conquête persique. Les Doriens peuplèrent aussi l'île de *Rhodes*, qui devint florissante par son commerce à l'époque qui suivit la mort d'Alexandre le Grand jusqu'au temps des empereurs romains. Toute la côte de la Propontide et de l'Hellespont fut aussi peuplée de colonies grecques, telles que *Lampsaque*, *Cyzique*, *Byzance*, etc. La Thrace et la Macédoine furent envahies par la race grecque, surtout par les Athéniens : on y remarquait *Chalcys*, *Olynthe*, *Potidée*, *Amphipolis*, *Sestos*, etc.

Les colonies de la Sicile et de la grande Grèce sont d'une époque bien postérieure, mais elles n'en furent pas moins florissantes, et leur commerce, pour être moins étendu, n'en fut pas moins fructueux ; elles eurent une organisation politique supérieure, une population plus énergique, une législation plus sage. Les colonies de l'Italie inférieure s'étendaient autour du golfe de Tarente et sur la côte occidentale, jusqu'au cap Misène , qui termine le golfe de Baïes; elles étaient de toute origine, dorienne, achéenne ou ionienne. Tarente, fondée en 707 avant J. C. par les Parthéniens de Sparte, fut la plus puissante et atteignit à un degré d'opulence incroyable.

Les autres colonies furent *Crotone*, dont les mœurs et la constitution furent réformées par Pythagore; *Sybaris*, dont la mollesse devint proverbiale; *Thurium*, fondée par les Athéniens; *Rhegium*, colonie des Eubéens, conquise par Denys Ier, tyran de Syracuse, en 392, et par les Romains en 281 ; *Cumes*, une des plus anciennes qui fonda *Naples*, et *Zancle* en Sicile. *Cumes* demeura une ville importante, même au temps des Romains, à cause de son port de *Puteoli* qui recevait les flottes impériales.

Les colonies grecques, en Sicile, furent tellement nombreuses, qu'elles y firent dominer leur langue et leurs mœurs, et refoulèrent l'ancienne population des Sicanes et Sicules au centre de l'île : la plupart de ces colonies avaient une origine dorienne, quelques-unes étaient ioniennes. Les villes doriennes où dominaient les principes aristocratiques étaient *Messana*, *Tyndaris*, *Syracuse*, *Hybla*, *Tapsus*, *Segeste*, *Heracleu-minoa*, et *Gela*, mère d'*Agrigente* : parmi les villes ioniennes, où régnait la démocratie, on peut citer *Naxus*, qui donna naissance à *Leontium*; *Catane*, *Tauromenium* et *Zancle*, qui fonda *Humera* L'histoire et la fortune da toutes ces colonies se confondirent avec celles de *Syracuse*, qui fut la principale, et finit, en les réunissant en une sorte de fédération, par constituer un Etat important dont l'histoire, très-bien connue, se lie à celle des Carthaginois, des Grecs et des Romains.

Dans les autres îles et sur les côtes de la Méditerranée se trouvaient encore des colonies grecques isolées, telles que *Caralis* et *Olbia* en Sardaigne, *Aleria* en Corse, *Sagonte* en Espagne, *Cyrène* sur la côte libyenne : mais la plus remarquable de toutes fut *Marseille*, dans les Gaules.

Les Phocéens d'Ionie, fuyant la domination des barbares, s'embarquèrent pour l'Occident et se fixèrent sur la côte où Marseille fut bâtie. Cette ville devint bientôt riche et puissante ; tout le commerce des Gaules passa dans ses mains ; elle le faisait par terre et par mer, et elle sut établir de nombreux points de relâche pour ses vaisseaux le long de la côte, où elle bâtit plusieurs comptoirs, tels que *Nice*, *Antipolis* (Antibes), *Olbia*, *Emporiés ;* en remontant le Rhône elle fonda *Avignon*. Son gouvernement était une aristocratie modérée ; toute l'autorité était dans les mains d'un conseil de six cents membres dont les places étaient à vie, mais il fallait qu'ils fussent mariés, qu'ils eussent des enfants et qu'ils comptassent des aïeux citoyens de l'Etat depuis trois générations. A la tête du conseil était un comité de quinze personnes, et la suprême autorité appartenait à trois magistrats supérieurs.

Dès l'an 218 avant J. C., Marseille contracta des liens d'amitié avec les Romains ; rivale de Carthage, elle lui succéda dans son commerce et sa prospérité, mais non dans sa puissance. Favorisée par Rome, qui lui laissait la liberté, Marseille arriva à une importance qui s'est conservée jusqu'à nos jours. L'inscription un peu fastueuse gravée sur le fronton de l'hôtel de ville de Marseille après la conquête de Louis XIV, et qu'on y lisait encore il y a peu d'années, donne une idée du rôle qu'a joué cette république dans l'antiquité : MASSILIA PHOCENSIUM FILIA, ROMÆ SOROR, ATHENARUM ÆMULA, CARTHAGINIS TERROR, CÆSARIS ARMIS VIX CESSIT, etc. (*Voir* la dissertation de Bougainville sur les colonies grecques.)

§ IV. *Colonies romaines.* — Les colonies grecques, telles que des essaims échappés de la ruche, devinrent très-vite étrangères à la métropole ; tout au plus lui devaient-elles quelques marques de déférence dans les choses religieuses ou dans l'élection de certains magistrats. Il n'en fut pas ainsi des colonies romaines ; elles furent toujours dans une dépendance étroite de la métropole ; elles recevaient du sénat leurs lois, leur organisation ; elles payaient l'impôt et devaient fournir aux légions jusqu'à leur dernier homme valide. A vrai dire, les colonies romaines étaient des garnisons pour maintenir les peuples conquis dans le devoir, *non tam oppida Italiæ quam propugnacula imperii :* elles ne furent point bâties au bord de la mer ou aux embouchures des fleuves, comme les comptoirs phéniciens ou grecs, mais sur les montagnes, à l'entrée d'une gorge, au passage d'un pont ; on n'y plaçait point des marchands, mais des soldats auxquels l'*agrimensor* distribuait régulièrement les terres et les maisons. On proportionnait le nombre des colons aux besoins de la défense ; c'est ainsi qu'on en plaça 6,000 à Benevent pour dominer la Campanie et 14,000 à Venouse pour contenir la grande Grèce. En sortant de Rome, le colon perdait son droit de vote et de cité, mais on lui laissait élire ses décurions et ses décemvirs au poste qui lui était assigné. Les colonies romaines affermirent la conquête de l'Italie en contenant les vaincus et en portant sur tous les points les lois et les mœurs romaines. Les principaux établissements militaires et coloniaux furent *Sutrium* et *Népété* en Etrurie, *Ardée* chez les Rutules, *Antium* chez les Volsques, pour surveiller la côte, *Velitre* et *Norba* dans la montagne. Ces colonies étaient antérieures à la guerre du Samnium, qui donna aux Romains la possession de l'Italie centrale et méridionale. A la suite de cette guerre, le sénat étendit son système de défense territoriale. Il établit *Anxur* sur la voie Appienne, ferma le Latium, du côté de la Campanie, par les établissements de *Frégelles*, de *Sora*, de *Minturnes*, le long du fleuve *Lyris*. Une seconde ligne fut établie dans les montagnes ; *Atina, Aquinum, Casinum ;* du côté de l'Ombrie, on établit *Narnia* chez les Auronces ; *Simessa*, qu'il faut joindre à *Calès*, chez les Sidicins, et à *Carseoli*, chez les Eques. Tels étaient les remparts de Rome au moment de l'invasion d'Annibal. Le système s'étendit ensuite à toute l'Italie ; mais les colonies y furent plus rares. Il y en eut deux dans la Campanie, *Cessennia* et *Benevent*. Le Picenum eut *Adria* et *Firmum;* l'Ombrie, *Sena, Spolète* et *Ariminum;* l'Apulie, *Lucerie* et *Venouse;* la Calabre, *Brindes* et *Valentia;* la Lucanie, *Pœstum.* On établit aussi des colonies à Tarente et à Rhegium, auxquelles on prit une portion de leur territoire. Outre ces établissements dans les villes, Rome avait encore des colonies éparpillées sur les portions de territoire qu'elle se faisait céder par les peuples vaincus et qui faisaient partie du domaine public; les censeurs les affermaient, et les pâtres et laboureurs romains se mêlaient partout aux populations italiennes. Plus tard, Rome établit des colonies en Asie, en Afrique, dans les Gaules, en Germanie et jusque dans les îles Britanniques. Son système de colonisation suivit les progrès de sa puissance.

Ce fut quelquefois pour elle un moyen d'établir la population affamée de ses prolétaires; c'est ainsi qu'elle fonda une colonie sur les ruines de Carthage et qu'elle occupa les domaines d'Attale, roi de Pergame, qui avait légué ses États au peuple romain. Mais toutes ces colonies portaient au loin le nom romain et ne l'abdiquaient jamais; elles n'ont disparu qu'avec l'empire et se sont incorporées aux États nouveaux, qui se sont formés de ses débris, et où presque toutes sont encore des villes importantes.

II. Principe de la fondation des Colonies modernes.

§ 1. Caractère spécial qui distingue les Colonies modernes des Colonies anciennes. — Une nation ne consomme pas sans produire; elle ne produit pas sans consommer; mais il peut arriver que la production soit insuffisante; il peut arriver qu'elle soit exubérante. Le commerce maintient l'équilibre.

Après la découverte de l'Amérique et du passage aux Indes par le Cap de Bonne-Espérance, la conquête facile de tant de richesses et de si vastes territoires fit naître la pensée de conserver, plus sûrement et avec plus d'avantages que par le commerce général, la juste proportion de ces deux éléments de puissance et de bien-être, la production et la consommation, et de la concilier avec le progrès que promettaient les découvertes nouvelles. C'est cette pensée, répondant à un véritable besoin, qui, dans ces quatre derniers siècles, a été le mobile primordial de la fondation des colonies dont l'Europe couvre aujourd'hui le monde.

A ce principe purement économique s'en est immédiatement joint un autre, révélé à la politique par la puissance à laquelle on vit la marine élever rapidement de petits Etats. L'union de ces deux principes a produit ces vastes empires, presque tous encore à l'état d'enfance, qui sont les colonies modernes.

Lorsque la principale occupation des hommes est de vivre, et que l'art de surexciter et de spécialiser par le travail la fécondité du sol est encore inconnu ou peu pratiqué, les populations des climats qui ne produisent presque rien sans travail deviennent bientôt trop nombreuses pour vivre en paix, parce qu'elles ne trouvent plus une existence assurée dans les produits naturels ou dans ceux d'un travail imparfait et insuffisant. Alors elles se séparent. Une partie va au loin, s'établir dans des contrées nouvelles. Malgré un certain degré de civilisation, elles continuent à se déplacer, sinon vaincues et par grandes masses, du moins pauvres, mécontentes, par groupes, par familles, ou individuellement, pour aller chercher de nouvelles terres à cultiver, ou établir, chez des peuples plus avancés, leur commerce et leur industrie. Et lors même que les Etats sont parvenus à un haut degré de puissance, ils n'en sont pas moins poussés par ambition ou par de nouveaux besoins, à accroître leurs richesses au moyen de la colonisation et à étendre leur influence. C'est ce qu'on a vu dans l'antiquité.

Dans les temps modernes, dont il est ici uniquement question, ce n'est plus le salut ou l'emploi d'un superflu de population qu'on a en vue dans l'établissement des colonies; celles-ci, pour répondre au besoin des Etats qui les fondent, doivent devenir pour eux non-seulement une extension du marché national pour la production exubérante de l'agriculture ou de l'industrie et un moyen de multiplier et varier les produits dont les mœurs et la spéculation ont propagé le goût et créé le besoin; mais encore un agrandissement de territoire qui, comme des bras attachés à un vaste corps, facilitent, au besoin, sur tout le globe, son action ou sa résistance. Cette différence est capitale. Elle est la source de bien des rivalités et donne la clef de presque toutes les difficultés de notre système colonial.

Les Colonies fondées par les gouvernements modernes de l'Europe ont donc un caractère spécial et nouveau qui complique leur position et modifie leur destinée. Nées du commerce, elles ont conservé le cachet de leur origine. Même quand elles sont, par la nature de leurs ressources, essentiellement agricoles, elles sont demeurées pour leurs métropoles des établissements commerciaux; le besoin de leur conservation et les nécessités de la politique en on fait secondairement des établissements plus ou moins militaires.

Fondées par des peuples à qui le sol rendait en proportion des soins qu'il recevait, et qui trouvaient l'abondance dans une industrieuse activité encore plus que dans la vaste étendue et la libéralité de leur territoire, elles n'étaient pas destinées à soulager le sol de la patrie du fardeau d'une population qui était sa plus grande richesse : au contraire, un petit nombre de métropolitains dut y transporter son domicile. Il importa peu au but qu'on se proposait que des étrangers vinssent trouver leur subsistance sur le sol de la nouvelle conquête, pourvu qu'ils le fissent valoir au profit de la métropole, en assurant à celle-ci, à l'exclusion des nations étrangères, les bénéfices de la revente et du transport de leur production et de leur consommation.

Il arriva même le plus souvent que, bien loin de réserver le sol aux hommes de la nation conquérante, on y appela systématiquement des cultivateurs étrangers. Sans cette circonstance, dont l'antiquité n'offrait point d'exemple, il y aurait eu nécessité de n'occuper pour les cultiver, que des contrées peu différentes, par leur climat, du berceau de la nation colonisatrice. Lors même que cette heureuse convenance s'est rencontrée, le sol conquis n'a pas paru devoir être réservé au peuple colonisateur; il est devenu un asile pour les malheureux, les mécontents ou les aventuriers de toutes les nations. C'est ainsi que se peuplent depuis longtemps, et la partie septentrionale de l'Union américaine, et le Canada et une partie de l'Australie et, depuis quelques années, l'Algérie elle-même.

Dans les colonies de la zone torride, il y a peu d'Européens; les nationaux même n'y sont pas en majorité. Ils ne vont s'y établir volontairement, ou n'y sont envoyés qu'en petit nombre; et ils y forment plutôt une garnison administrative, agricole et militaire, que le fond de la population; le travail des champs s'y exécute sous la direction et la protection de cette garnison, par des mains étrangères. C'est au génie actif développé en Europe qu'est due la possibilité d'occuper des contrées lointaines, où un puissant intérêt a d'abord fait appeler les races barbares et esclaves comme à une école de travail et de discipline, de là à une liberté et à une civilisation relatives et, enfin, à la foi et à la morale chrétienne.

Ainsi, le principe de la fondation des colonies modernes, sous la forme primitive conservée encore à quelques-unes, comme sous le régime actuel des autres, est un intérêt d'un ordre tout nouveau, combiné avec un besoin qui n'avait pas été senti des anciens : celui de retenir dans la métropole, malgré la colonisation, même la plus grande partie de la population qui n'y peut vivre qu'au jour le jour de son travail, et que, en vue de la puissance et de la gloire nationale, il importe d'accroître et de conserver. Ce besoin semble avoir été méconnu par l'Espagne, et il lui en a coûté cher.

§ 2. *Constitution sociale des colonies.* — Toutes les colonies modernes peuvent être divisées en quatre catégories.

1° Celles qui sont fondées sur les principes de la colonisation romaine et qui ont un caractère militaire et agricole.

Nous croyons qu'elle ne comprend guère que des colonies russes. Gibraltar, Aden, Perim, et Malte même, ne sont pas, à proprement parler, des colonies ; ce sont des forteresses armées et défendues par des soldats et des vaisseaux de la Métropole, pour la protection ou l'extension de sa prépondérance sur mer. Dans les colonies militaires, ce n'est que par exception que les étrangers peuvent être admis ; la population doit y être à peu près exclusivement nationale.

2° Celles qui sont établies dans des contrées étrangères, vastes et populeuses, soumises par la force des armes ou liées par des traités. Les étrangers y sont dans une proportion considérable, et les indigènes y dominent quelquefois de beaucoup par leur nombre toutes les autres populations réunies. Telles sont les colonies anglaises de l'Inde, de la Chine, de l'Australie et du Nord de l'Amérique; telles sont aussi les colonies françaises de l'Algérie, de la Cochinchine et de Madagascar, s'il est permis de compter ces deux dernières ; les colonies hollandaises des îles de la Sonde et des Moluques; et celles de l'Espagne dans les Philippines et les Mariannes. Toutes sont comme des provinces conquises, des États subjugués, que le vainqueur exploite, en y conservant ses lois, ses mœurs, sa discipline. Leur constitution sociale, n'a pas été autrement modifiée et appartient à l'histoire des nations, plutôt qu'à celle des colonies qui y sont établies.

Telles furent encore les colonies fondées sur le territoire américain. Elles sont presque toutes, aujourd'hui, entièrement séparées de leurs métropoles, et constituent des Etats encore assez mal établis. Dans toutes les colonies américaines, tant au Nord qu'au Sud, et tant sur le Continent que dans les Iles, la population autochthone a presque entièrement disparu.

3° Celles où l'esclavage est encore maintenu. Ce sont les colonies intertropicales établies dans les îles et sur les côtes de l'océan Atlantique et de la mer des Indes. Elles appartiennent à l'Espagne, ou au Portugal, et quelques-unes aux Arabes, autorisés, par un traité avec l'Angleterre, à continuer la traite des Nègres. Indépendamment du Brésil, classé dans la deuxième catégorie, ces colonies comprennent des territoires importants. Leur constitution sociale tient de sa triple origine des caractères très-tranchés. L'Afrique a fourni le fonds de la population ; elle domine par le nombre, et c'est à son travail qu'est due sinon toute l'importance, assurément toute la richesse des colonies qu'elle cultive. La race européenne y est en minorité. Les affranchissements y ont créé une classe intermédiaire, déjà très-nombreuse, partageant avec la race blanche le droit de propriété et la jouissance des droits civils, et, avec les nègres, quelques-uns de leurs travaux, à l'exclusion à peu près absolue des travaux agricoles. Tout le monde connaît l'état précaire de cette constitution sociale, menacée de subir très-prochainement une transformation déjà accomplie dans toutes les anciennes colonies à esclaves des autres nations européennes.

4° Celles où l'esclavage a été aboli.

Elles comprennent presque toutes les colonies intertropicales de la France, de l'Angleterre, de la Hollande, de la Suède, du Danemark, situées dans les mêmes mers que les colonies de la catégorie précédente.

Bien que, dans ces colonies, l'émancipation des esclaves ait soumis au même droit civil toute la population, sans distinction d'origine, il s'en faut bien qu'il en soit résulté une constitution sociale purgée des complications qu'elle recevait auparavant de l'esclavage. Le régime sur lequel elles avaient été fondées y a laissé des traces profondes dont il sera encore longtemps impossible de ne pas tenir compte ; et leur constitution politique et administrative, si variable, depuis 70 ans, dans celles, du moins, qui appartiennent à la France, ne peut être encore que provisoire.

Quelle qu'ait pu être la diminution de la population libérée par l'émancipation, ce qui en reste est encore, à peu près partout, en très-grande majorité.

Nécessitée par l'abandon prévu des cultures, l'immigration de travailleurs libres, africains ou asiatiques, a ajouté à la population coloniale un nouvel élément étranger qui est, dans la constitution sociale des colonies, une nouvelle complication analogue à celle qu'y établissait auparavant la population esclave: exclue comme l'était celle-ci des droits de cité, comme elle aussi elle est loin d'être sans poids dans la balance des intérêts politiques et économiques des colonies et des métropoles, et loin aussi par conséquent d'être sans importance dans la législation protectrice de ces intérêts.

Avec ou sans cet élément nouveau, la constitution sociale des colonies émancipées a quelque chose d'indécis et de délicat qu'elle n'avait pas avant cette transformation. Il y avait sans doute, dès lors, quelque chose de très-embarrassant dans son anomalie de plus en plus impopulaire ; il y avait quelque chose de menaçant dans les éventualités que cette impopularité ne cessait de provoquer ; mais le présent était sous la garantie des lois ; il avait leur logique pour défense ; les menaces de l'avenir avaient une précision qui ne laissait aucune place à l'incertitude : c'était la libération des esclaves avec une indemnité plus ou moins conforme au droit, et avec des garanties plus ou moins satisfaisantes d'ordre et de travail. Nous avons indiqué, dans notre première édition, les seules conditions qui nous parussent propres à réaliser, dans le sens le plus libéral et le plus fécond, la transformation radicale et définitive de la constitution sociale des colonies ; elles sont peut-être encore aujourd'hui les seules qui puissent, en remédiant aux graves embarras du système qui a été suivi ou plutôt d'un événement que les passions ont précipité, amender le présent des colonies et rasséréner leur avenir.

Logiquement, l'émancipation a donné à tous les esclaves affranchis les mêmes droits que donne la naissance à tous les citoyens français. Un système politique quelconque ne peut préserver les colonies de l'influence du plus grand nombre qu'en restreignant le droit électif par une violation partiale du principe de ce droit, ou en le supprimant par une négation de ce droit, impartiale, il est vrai, mais arbitraire. L'avenir, en temps de paix et d'ordre, est menacé par cette négation même, quelque justifiée qu'elle soit, parce qu'elle l'est contre l'influence du plus grand nombre; en cas de révolution il est plus menacé encore, par l'incertitude de la part que le plus grand nombre recevrait ou prendrait comme prix de la victoire. Ce ne pourrait plus être la liberté, comme en 1848; il l'a. Ce serait donc le pouvoir et la propriété.

C'est pourquoi les embarras du présent sont bien plus grands, les dangers de l'avenir bien plus graves qu'avant l'émancipation. Le temps, qui cicatrise tant de plaies, étend et envenime celle-ci dans les anciennes colonies à esclaves. La population libérée, plus ou moins facilement maintenue au travail sous les commissaires de la république, par l'habitude et par le salaire, et aussi par d'utiles règlements, s'en est peu à peu détachée. Sa postérité reste tout entière étrangère aux travaux des champs. L'immigration des travailleurs, pleine d'incertitude pour toutes autres que les colonies anglaises, devient, d'année en année, une nécessité plus impérieuse et par cela même d'autant plus difficile à satisfaire. L'interdiction des engagements, d'abord autorisés sur les côtes orientale et occidentale d'Afrique, a augmenté les difficultés, élevé le prix des passages, doublé le taux des salaires et réduit de moitié la durée des engagements. Elle a rendu plus difficiles et plus coûteuses la surveillance particulière et celle de la police. L'élévation du prix de revient de toutes les productions a ainsi coïncidé avec une tendance générale à la baisse du prix des denrées; et la mise en valeur des terres médiocres, aussi bien que la culture des céréales est devenue onéreuse, c'est-à-dire impossible.

Ce qu'il y a de plus fâcheux, c'est que la question d'immigration, qui, au moyen des engagements à la côte d'Afrique, pouvait être résolue en quelques années par la naturalisation des immigrants, reste toujours pendante, toujours la même, avec ses frais et ses incertitudes, par les rapatriements successifs d'une race d'immigrants qui, après ses cinq années d'engagement, ne laisse dans les colonies que les maladies et les vices de ses mœurs indiennes. Il faut recommencer comme au premier jour; c'est le rocher de Sisyphe; c'est le tonneau des Danaïdes.

Il n'y aurait plus de question d'immigration dans les anciennes colonies à esclaves si les engagements à la côte d'Afrique eussent été maintenus jusqu'à ce jour. Cette difficulté, très-grave, mais accessoire, créée par la constitution sociale des colonies, aurait disparu.

Resterait la difficulté fondamentale résultant de la qualité de citoyen français accordée à la population africaine, affranchie par le décret de 1848. Elle subsisterait tout entière dans le personnel encore considérable de cette population.

Quelques publicistes coloniaux, considérant l'origine, la condition et l'état moral des noirs affranchis par le décret du gouvernement provisoire et la forme non-seulement insolite, mais très-irrégulière de la naturalisation qui en résulte, ont cru pouvoir mettre en doute la qualité de citoyen français attribuée à ces affranchis. Assurément, en principe et en droit absolu et rigoureux, ils ont raison. Il est contraire au bon sens, et par conséquent à tous les principes, que des hommes soient admis dans une société à titres et à droits égaux, quand leur mise sociale est si inférieure à la mise commune, ou même tout à fait nulle et souvent négative. Là où il n'y a ni intelligence, ni amour des devoirs sociaux et politiques, ni affection patriotique, ni sentiment national, ni aptitude, ni disposition au service que la patrie peut réclamer de l'intelligence, du courage ou seulement des bras de ses enfants; il peut y avoir une vaine et arbitraire nomenclature de citoyens, mais il ne peut y avoir de véritables membres de la cité.

Ils auraient également raison et plus encore de contester la légalité originelle du décret d'un gouvernement auquel sa qualité de PROVISOIRE ne permettait que des actes de protection et de conservation, en attendant l'Assemblée souveraine qui devait donner à la France un gouvernement définitif.

Et ils auraient encore mille fois plus raison de flétrir la précipitation coupable avec laquelle ce décret, bâclé au moment où l'Assemblée nationale allait se réunir, fut porté au *Moniteur* avant d'avoir été soumis au gouvernement provisoire, revêtu de signatures qui ne furent données que plus tard.

Mais en droit pratique, cette opinion, si fondée en raison qu'elle soit, n'en est pas moins insoutenable. Les nègres ont été affranchis sans protestation ; leur qualité de citoyen n'a pas été plus contestée que leur liberté ; ils ont joui de l'une et de l'autre non-seulement sans obstacle, mais avec le concours des pouvoirs réguliers du temps et de toute la population coloniale. Il y a eu acquiescement de fait, sinon formel, et certainement très-suffisant, de tous les pouvoirs et de tous les intérêts. Contester aux affranchis des colonies françaises la qualité légale de citoyens français serait également absurde et injuste : ils sont si bien citoyens et reconnus pour tels, que ce titre leur est en quelque sorte spécialement affecté , et que cette dénomination commune, par laquelle on entendait assimiler plus généralement et plus pratiquement deux populations auparavant distinctes, a servi à désigner plus particulièrement la classe affranchie en 1848, la seule qui ait, pendant bien des années et jusqu'à ce jour, conservé la qualification habituelle de *citoyen*.

Ce titre, qui ne peut ni être un vain mot, ni perdre, au détriment de ceux qui le portent légalement, sa signification ni sa valeur, est si caractéristique, aujourd'hui, que la population libre avant 1848 n'accepte pas pour elle une qualification qui n'a rien que d'honorable, mais qui semblerait attribuer à ses droits une date trop récente.

Cette délicatesse de l'amour-propre, qui prouve le jugement de l'opinion sur la valeur de la mise sociale des nouveaux citoyens, prouve en même temps combien leur titre légal et les droits qui s'y rattachent sont incontestables. Il n'y a donc point lieu d'opposer au décret du gouvernement provisoire les manœuvres frauduleuses et les nullités radicales qui en ont entaché l'origine, car ces manœuvres ont été amnistiées, ces nullités ont été couvertes par l'Assemblée nationale. Elle avait seule le droit de les juger ; aucune plainte régulière n'a été portée, et l'exécution du décret par l'Assemblée nationale lui a donné, avec sa sanction , toute la légalité et toute l'autorité dont il avait besoin et dont il était susceptible.

La qualité de citoyen français, attribuée aux libérés de 1848, n'est donc pas seulement un fait accompli, c'est-à-dire un fait ayant pour lui le temps, qui consolide, mais qui peut aussi détruire, et qui, par lui-même, ne justifie rien ; c'est aussi un droit fondé par les pouvoirs légaux et compétents , pouvoirs qui, pouvant réformer les actes irréguliers du gouvernement provisoire , les ont, au contraire, confirmés et fait exécuter.

Lors même qu'on se mettrait d'accord (ce qui arrivera certainement) sur les droits légaux des citoyens de 1848, une profonde dissidence ne cesserait pas pour cela de régner entre les éléments essentiellement hétérogènes de la société coloniale.

Dans une telle société, il était plus facile de faire accepter des distinctions politiques, que d'effacer des distinctions naturelles.

Il est impossible que les hommes d'une nation ne se croient pas des droits à une préférence sur les étrangers. Ce sentiment, déjà ancien dans les colonies, ne leur est pas particulier ; seulement, il a été plus qu'ailleurs développé par les circonstances.

Il est impossible aussi que les étrangers ne soient pas naturellement disposés à reconnaître aux nationaux des droits supérieurs. Cette disposition n'existait pas moins aux colonies que partout ailleurs , mais un libéralisme peu intelligent l'a pervertie. A plus forte raison cette prétention d'une part et cet acquiescement de l'autre sont-ils naturels, lorsque, indépendamment de la différence des mœurs, ou même des lois et des langues, qui suffit en Europe pour les motiver, celle du sang et de la race vient encore les justifier, et les établir, en quelque sorte, comme une visible et fatale nécessité.

L'égalité entre les hommes n'est jamais plus réelle et mieux garantie que lorsque, sans exclure personne, une bonne hiérarchie sociale la règle ; parce que l'ordre qui en fait voir les conditions, en fait aussi voir la vérité ; tandis qu'au contraire la confusion des droits n'est jamais sérieusement acceptée ni pratiquée et que, ainsi présentée aux hommes, l'égalité n'est pour les uns qu'un outrage, pour les autres qu'une déception.

Aussi l'égalité civile et politique d'une partie, ou de la masse des hommes libres des colonies, n'a-t-elle suffi à aucune époque pour y détruire ce qu'on appelle le *préjugé colonial*. Il existe dans toutes, semblable à celui qui, en Europe, distingue les unes des autres les diverses classes de la société. Il y est moins fondé sur la couleur que sur l'origine et les mœurs ; s'il compromet certaines choses, il en conserve d'autres plus délicates et plus précieuses. La nature n'en est pas moins importante à connaître que les causes ; car ceux qui ont les moyens de le combattre doivent savoir qu'ils ne peuvent le faire disparaître que de deux manières dans la fusion si désirable, mais si difficile, des hommes de différentes races : ou en obtenant que ce qui est élevé s'abaisse, ou en exigeant que ce qui est bas s'élève. C'est ce que comprend et exécute admirablement l'église. Sous son influence aujourd'hui aux colonies, comme de tout temps, partout où la foi a détrôné l'orgueil et fait régner la charité, un nivellement pacifique et durable détruit dans les cœurs la dure, mais nécessaire inégalité des conditions extérieures. Là où les nations se sentent reconnues égales et traitées comme telles, l'inégalité des fonctions n'a plus rien qui humilie ou qui blesse. Mais ce travail est encore loin d'être accompli.

La constitution sociale des colonies émancipées est donc bien certainement pleine d'embarras et de dangers. Elle est un obstacle sérieux à leur assimilation politique et administrative avec la métropole. Leur éloignement rendait cette assimilation déjà impossible. Leur constitution sociale ajoute aujourd'hui à cette impossibilité des dangers qu'on ne saurait braver sans une grave imprudence.

Devenus, non-seulement libres, mais citoyens, les anciens esclaves, outre la prépondérance inacceptable que leur donnerait le nombre, en cas d'assimilation, préparent à la colonie des embarras croissants par l'abandon successif du travail de la terre. D'anciens esclaves laborieux sont restés attachés à la culture ; un certain nombre, d'abord assez considérable, mais qui diminue tous les jours, chez leurs anciens maîtres ; quelques-uns sur de petits terrains concédés ou achetés dans les montagnes de l'intérieur des îles. Mais aucun de leurs enfants ne travaille avec eux. L'idée qu'ils se font de leur dignité, le défaut d'habitude, et une paresse malheureusement très-logique, sous le soleil de la zone torride, les éloignent de plus en plus du travail. Ce qui était, avant l'émancipation, une probabilité voisine de la certitude est devenu un fait qui se généralise, à mesure que la nouvelle génération, née libre, remplace la génération émancipée. Par une admirable harmonie que l'on observe dans toutes les parties de la création, la providence a établi entre les hommes et leurs pays une étroite relation. Avec une température toujours égale et un sol toujours et spontanément productif, qui n'exige ni travail, ni prévoyance, elle a donné aux hommes un tempérament qui commande la frugalité, l'amour du repos et qui repousse toute espèce de travail et de préoccupation. Dans les climats moins favorisés, elle a imposé au sol et à l'homme des besoins correspondants de culture et d'activité, qui doivent être satisfaits l'un par l'autre ; et elle a placé, dans les rigueurs prolongées et variées de la nature, la cause des préoccupations ardentes et soutenues que ces rigueurs rendent nécessaires à l'homme.

Ceux qui attribuaient la répugnance notoire des nègres affranchis et des pauvres créoles blancs pour le travail de la terre, dans les colonies à esclaves, à un préjugé que l'abolition de l'esclavage ferait disparaître, sont aujourd'hui détrompés. On ne serait pas tombé dans cette erreur si l'on avait eu suffisante connaissance ou si l'on avait voulu tenir compte du grand nombre de relations, de points de contact et d'alliances que ces deux classes de malheureux avaient volontairement ou forcément avec les esclaves. Ils s'associaient à eux journellement, tantôt pour le crime, tantôt pour le plaisir ; ce n'était donc point par amour propre qu'ils répugnaient à la communauté des travaux.

Cette dégradation morale d'un si grand nombre de familles coloniales tient à deux causes : l'une consiste dans l'absence de toutes les industries qui, en Europe, appellent et occupent la partie de la population qui fuit l'agriculture, l'autre consiste dans l'abandon où, dès le principe et pendant longtemps, les pouvoirs publics ont cru devoir laisser aux colonies tout ce qui était libre.

On conçoit que, dans des pays où le travail de la terre est mortel pour l'Européen ; où l'existence matérielle est, du reste, assurée, et où il n'existe pas de manufactures, beaucoup de misères, si l'agriculture n'est pas extrêmement favorisée, doivent rester sans remède et commander une résignation que les libéralités de la nature rendent facile. En France, en Angleterre et dans toutes les contrées les plus peuplées de l'Europe, les manufactures sont le refuge de tout ce que l'agriculture perd ou rejette ; tout déserteur des champs, quels que soient ses motifs, est même assuré en France de trouver dans certains travaux des villes, un emploi tout à la fois plus lucratif et moins pénible. Et cependant le climat n'y serait pour personne, un obstacle à la vie laborieuse des champs.

Ce serait pourtant se faire une fausse idée de la classe des prolétaires coloniaux, si considérablement accrue par le contingent que lui a fourni l'émancipation, que d'attribuer son oisiveté à une incapacité réelle physique ou morale. Ils ne travaillent pas pour vivre, en l'absence de toute contrainte, parce qu'ils peuvent vivre sans travailler ; mais presque tous, quelle que soit leur origine, déploient une activité digne de l'Europe elle-même, lorsqu'ils espèrent que leur travail les mènera à la fortune. Européens ou créoles, les fonctionnaires, les propriétaires, les négociants, les artisans, tout ce qui occupe une honorable position, tout ce qui exploite un capital, une profession ou une industrie de quelque importance, travaille avec une ardeur soutenue, qui se proportionne non à la pression du besoin comme en Europe, mais aux excitations de l'espérance ; en sorte que ceux qui travaillent le plus ou même les seuls qui travaillent sont précisément ceux qui pourraient vivre dans l'aisance sans travailler.

L'oisiveté des classes pauvres les soumet à de grandes souffrances qui sembleraient devoir les stimuler au travail ; mais comme ces souffrances ne sont point immédiates ; comme il n'est aucun besoin actuel et pressant qui ne puisse être facilement satisfait, la prévoyance n'est pas éveillée et une intelligence ou bornée ou déchue ne sait point rapporter à leurs véritables causes les accidents éloignés qui font journellement des victimes. De là la nécessité de demander à l'immigration des travailleurs qui soient maintenus dans leurs devoirs par les conditions d'un contrat d'engagement, par la surveillance des maîtres et par la police du gouvernement ; sans quoi toute l'activité de la partie intelligente et agissante de la société coloniale tomberait elle-même, faute d'instruments, dans une impuissance qui serait la ruine des colonies.

Telle est la cause et la source des besoins spéciaux que nous avons signalés au commencement de ce chapitre et des complications inévitables qu'en reçoit la constitution sociale des colonies tropicales.

III. Législation coloniale.

§ 1. *Aperçu général.* — Toutes les colonies européennes dépendent plus ou moins de leur métropole. Aucune ne jouit de cette autonomie qui présidait à l'établissement même de la plupart des colonies de l'antiquité. Les plus favorisées sous ce rapport ne sont maîtresses ni de leurs traités ni de leurs alliances ; dans la guerre comme dans la paix, elles suivent le sort de leur métropole, et elles reçoivent d'elle, en tout temps, les lois qui régissent leurs relations extérieures. Nous en avons trouvé la raison dans le principe même de leur fondation, très-différent du principe ancien.

Nous ne pouvons entrer ici dans le détail des divers régimes auxquels obéissent les colonies. Tout ce qui porterait un caractère de spécialité serait hors de notre sujet. Dans le tableau qui terminera cet article, quelques mots feront connaître, d'une manière trèsgénérale, le système politique qui les régit. Pour plus de détails, il faudra recourir à l'article consacré spécialement à chaque colonie.

En général, les lois civiles et criminelles diffèrent peu dans les colonies de celles de leur métropole ; les lois commerciales en diffèrent davantage.

Dans les colonies conquises, les lois mêmes qui avaient d'abord été maintenues par les capitulations, ont, le plus souvent, subi des modifications conformes aux usages ou aux intérêts du vainqueur.

Enfin, la plupart de celles qui se sont affranchies se sont constituées en républiques et forment aujourd'hui des États importants. Telle est l'origine de toutes les républiques du continent américain, de l'empire du Brésil, de celui du Mexique et des républiques haïtienne et dominicaine, dans l'île d'Haïti.

Quant aux colonies françaises, leur législation politique et administrative a tellement varié depuis leur fondation, qu'on peut bien croire qu'elle est encore loin d'être fixée ; la mobilité en a été jusqu'à présent le principal caractère, et pourtant la constitution sociale des plus anciennes n'a été sensiblement modifiée que depuis 1848. Dans les plus récentes, le régime politique et administratif est encore en quelque sorte à l'étude.

En considérant les nombreux essais qui ont déjà été faits sur les unes et sur les autres, on est dans la nécessité de conclure qu'elles n'ont pas toujours gagné aux changements qu'elles ont subis. Dans le principe les Compagnies les gouvernèrent, comme en ayant la seigneurie dans toute sa plénitude, et elles y établirent les règlements les plus arbitraires. Le désordre de leur administration n'a laissé que des souvenirs confus, sans presque aucune trace de législation. Depuis, les colonies furent successivement gouvernées par les lettres patentes ou édits du roi, dont plusieurs sont encore en vigueur, et par leurs conseils supérieurs. Elles furent, à la révolution, gouvernées par leurs assemblées populaires ; après la révolution, par les décrets impériaux et par ceux des capitaines généraux. Elles subirent ensuite pendant quelques années la domination anglaise. Sous la Restauration, elles furent régies par les ordonnances du roi et les arrêtés locaux ; c'est l'origine de cette centralisation administrative qui fut d'abord si protectrice , mais qui, depuis, est devenue si absolue et si nuisible à leurs intérêts.

En 1833, celles de la Martinique, de la Guadeloupe, de la Guyane et de Bourbon, aujourd'hui de la Réunion, furent soumises à un système de législation triforme plus libéral, mais assez mal défini. Par ses analogies avec le gouvernement parlementaire de la France, ce régime devait produire aux colonies et produisit en effet, avec un bien relatif, les embarras , les luttes et les résultats qui l'ont depuis si justement discrédité.

En effet, il n'y eut presque aucune des parties de la législation réservée à la métropole qui ne donnât lieu à des plaintes de la part des colons, ou à des griefs de la part du gouvernement, et à des interprétations hasardées de part et d'autre. L'embarras n'était pas moins grand, ni la position moins fausse dans les matières mêmes abandonnées aux pouvoirs coloniaux. Chacun de ces pouvoirs, qui étaient : le roi, le conseil colonial et le gouverneur, devant agir librement, et pouvant agir rigoureusement dans son droit , sans sacrifice d'opinion ou d'intérêt, la marche des affaires en était nécessairement entravée ou faussée et même arrêtée. De tous les décrets amendés par les conseils coloniaux, quelques-uns seulement reçurent la sanction du roi. Pas un seul des budgets votés et exécutés depuis 1834 ne l'avait encore reçue en 1846, tant était faux et obscur le système qui réclamait à la fois de telles distinctions et un tel concours.

Nous avons signalé , en 1846, ce vice du système parlementaire, partout où l'un des trois pouvoirs ne domine pas complètement les autres par une influence hors de toute atteinte. Il est essentiel à toute constitution où le concours des trois pouvoirs est nécessaire à la confection de la loi, et où ces pouvoirs sont distincts, indépendants et souverains. La conséquence inévitable de ce système est une nécessité permanente de lever les obstacles par intrigue, sacrifice ou violence.

C'est en comparant les conséquences économiques de ce régime ou de tout autre, avec le but révélé par le caractère spécial attribué, dans la deuxième partie de cet article , à la fondation des colonies modernes, qu'on peut juger les divers systèmes politiques et administratifs dont on leur a fait ou dont on se propose de leur faire l'application.

C'est la Constituante qui nous paraît avoir le mieux compris la question coloniale. Elle érigea en principe, en 1790, la pratique de l'ancien régime ; et cette pratique dut y gagner ce que la pratique gagne toujours quand une bonne théorie vient l'éclairer, c'est-à-dire qu'elle put être mieux raisonnée et devenir constante. Le principe fut que les lois coloniales d'un intérêt mixte, c'est-à-dire affectant à la fois les colonies et la métropole, devaient être faites dans la métropole ; et que les lois coloniales intéressant seulement les colonies devaient être faites dans les colonies. Par la liberté du régime intérieur, ce partage d'attributions promettait un grand développement à la prospérité des établissements coloniaux ; et par la réserve faite en faveur de la métropole de fixer elle-même les conditions de leurs rapports, il assurait à la mère-patrie la grande dérivation de richesses qui fut l'objet de la colonisation. Le principe était donc aussi fécond qu'il était simple, juste, libéral et lucide. Pourtant, c'est depuis que ce soleil de la théorie législative s'est levé sur les colonies que les attributions y sont devenues plus confuses et plus incertaines, les applications plus irrationnelles et les institutions moins libérales. Si l'on excepte la courte période des assemblées coloniales, où a brillé l'éclair d'une grande pensée, on voit les colonies passer , du régime arbitraire des capitaines généraux, qui a précédé la conquête anglaise, sous celui des ordonnances royales et locales qui l'a suivie ; puis sous le régime à triple compétence auquel elles ont obéi pendant quinze ans, et qui leur valut la désastreuse loi de

1841 et l'inexécutable loi philanthropique de 1845.

Antérieurement, et sous les règnes de Louis XIV, de Louis XV et de Louis XVI, les conseils supérieurs, librement élus par les paroisses, rendaient la justice, faisaient les lois locales, réglaient toutes les affaires de finances, et pouvaient même s'opposer à la promulgation et à l'exécution des édits du roi. C'était l'époque où, en prenant possession d'une terre inoccupée ou conquise, la France décrétait que la présence d'un vaisseau de guerre étranger dans les eaux de la future colonie équivalait à une déclaration de guerre. Uniquement préoccupé de la prospérité de ses colonies, le souverain, supérieur aux factions de l'intérieur, et libre des secrètes et dures suzerainetés diplomatiques auxquelles les révolutions assujettissent triomphalement leur pays, ne prenait point ombrage d'une opposition qu'il savait ne lui être faite que pour le bien qu'il cherchait lui-même. Il n'y voyait ni une révolte contre son autorité, ni une cause d'embarras pour son gouvernement. Les gouverneurs, débarrassés de tout le détail de l'administration intérieure, et jouissant de l'indépendance et de la confiance dues à leur haute position, s'occupaient du service, guerre et marine, et ils surent quelquefois trouver dans les colonies, encore bien peu avancées, soit pour des expéditions lointaines, soit pour la réparation et l'équipement des flottes, d'incroyables ressources. Sous ce régime, La Bourdonnais, avec les volontaires des îles de France et de Bourbon, et une flottille tout entière construite à Madagascar, fit, presque sans frais pour la France, la conquête de Madras sur les Anglais.

Dans les systèmes variables qui ont suivi celui des assemblées coloniales, les colons ont été tour à tour dotés et privés d'une représentation locale élective, bornée dans ses attributions législatives à une faible portion des intérêts purement locaux et toujours soumise, d'abord à l'initiative du gouverneur, ensuite à son approbation, et enfin à la sanction du pouvoir exécutif de la métropole. Ce pouvoir local, durant la période assez courte où il a fonctionné, pouvait donc avoir une influence ; mais il n'avait aucune puissance par lui-même ; il ne pouvait rien, que médiatement, pour la prospérité intérieure que la théorie place dans son domaine, et dont elle lui impose la responsabilité. Au lieu

d'être cet organe propre et indépendant, réclamé par le principe de la Constituante et réalisé antérieurement par les rois de France, il n'était qu'un troisième organe de la puissance métropolitaine, emprunté par elle comme un simple guide en pays inconnu, pour des mouvements que ce guide nécessaire ne pouvait ni arrêter malgré elle, ni activer contre sa volonté. Et c'est là un état, il faut le reconnaître, dont l'esprit révolutionnaire, aujourd'hui répandu partout, rend bien difficile, sinon impossible, l'amélioration.

§ 2. *Régime législatif des colonies françaises.* — Objet de tant de réserves et de défiance, les colons français toujours exclus depuis bientôt soixante-dix ans de la représentation nationale à laquelle la Constituante avait reconnu leurs droits, et dont ils avaient eu mieux que l'équivalent dans leurs conseils supérieurs, sont aujourd'hui sans représentation locale d'aucune espèce. Leurs conseils municipaux, leurs conseils généraux et leurs conseils privés sont nommés directement ou indirectement par le gouvernement métropolitain. Mais il faut reconnaître que si l'exclusion qui frappe aujourd'hui les colons semble établir la présomption d'une incapacité dans les personnes ou d'une incompatibilité dans les choses qui ne pouvaient, ni l'une ni l'autre, exister avant 1848, elle n'est plus, depuis que deux ou trois cent mille nègres sont devenus citoyens, et que le suffrage universel est pour les élections un principe de droit public, ni une anomalie injustifiable, ni une exception qui ait besoin d'exemple. L'anomalie est trop bien justifiée par le danger de donner le pouvoir à une majorité étrangère ; l'exception est une garantie dont les ultra-révolutionnaires seuls pourront ne pas sentir la nécessité et le bienfait.

Le sénatus-consulte du 3 mai 1854 a fixé pour les trois principales colonies, la Martinique, la Guadeloupe et la Réunion, le régime auquel elles sont actuellement soumises.

Le Guyane et les autres colonies ont été placées sous l'empire des décrets jusqu'à ce qu'il ait été statué à leur égard par un sénatus-consulte.

Dans le système de 1854, comme dans le précédent, du 24 avril 1833, les lois politiques, commerciales et de douane, les lois civiles et criminelles sont réservées à la métropole et ressortissent soit au pouvoir constituant du Sénat, soit aux décrets impériaux, soit aux délibérations du Corps législatif de l'Empire. Ce sont, en effet, celles qui garantissent les trois grands intérêts mixtes dont il est de principe que la métropole se réserve le règlement : celui de la souveraineté, celui du commerce et de l'industrie, celui de la justice.

Les réserves en faveur du pouvoir impérial, relatives à la partie de la législation coloniale étrangère par sa nature aux intérêts métropolitains, sont bien plus étendues que ne l'étaient celles du régime antérieur en faveur du pouvoir royal. Celles-ci ne trouvaient qu'une justification bien imparfaite dans la nature des choses. Elles étaient une conséquence du désordre que les révolutions ont fait passer dans les idées et qui y restent comme une vapeur née de l'ardeur même des intelligences; vapeur toujours grosse d'orages redoutables aux pouvoirs, nés eux-mêmes d'autres orages.

Depuis 1848, cette justification a gagné en importance, même pour la France continentale, mais surtout pour les colonies, dont la constitution sociale a été profondément modifiée par l'élément étranger qui y domine. La France, avec ses assemblées municipales, départementales et nationales produites par le suffrage universel, a subi, dans la plupart des libertés qui lui sont si naturellement et si justement chères, des retraits et des ajournements que la grande majorité de la nation accepte comme un sacrifice nécessaire. Les colonies sont condamnées à en subir de plus grandes et de plus durables.

Elles ne pourraient avoir de représentation élue sans inconvénient pour le présent, qu'en vertu du régime exceptionnel auquel elles sont soumises, et seulement par une restriction du droit électoral qui, pour être parfaitement justifié n'en serait pas moins dangereuse. Le sacrifice des colonies, sous ce rapport, n'a pas sa mesure dans ceux que s'impose ou qu'accepte la métropole, mais dans la grave situation que leur fait leur constitution sociale.

Elles sont donc privées, non pas de corps consultants ni même délibérants, mais d'assemblées élues par le suffrage des citoyens. Dans chaque colonie, les communes en sont privées comme la colonie elle-même. Toutefois si les intéressés ne sont pas représentés, les intérêts le sont; et à la différence du régime de 1833, qui réservait à la Couronne plusieurs attributions logiques des conseils coloniaux, ce n'est pas la défiance qui prive aujourd'hui les colons français de représentants de leur choix et qui restreint les attributions de leurs conseils; c'est l'intérêt même des colonies. L'esclavage, principale, sinon unique cause des défiances de la métropole, a disparu : et certes, aujourd'hui comme alors, la sanction du souverain donnant seule la vie à un acte législatif quelconque, sa prérogative étant, en ce qui concerne les colonies, entière et absolue, il n'y avait pas plus de raison, aujourd'hui qu'alors, de réserver à la Couronne les parties de la législation coloniale qui sont, par leur nature, étrangères à la métropole, et que le souverain seul peut proposer, sanctionner et faire exécuter. La délibération coloniale ne peut non plus paraître ni méprisable ni redoutable aux pouvoirs qu'anime encore l'esprit de 1790; mais puisque la représentation élective, en France même, a perdu dans la nouvelle constitution l'omnipotence de fait qu'elle avait sous le régime parlementaire, ce n'est pas sans quelque raison analogue que, abstraction faite du grand nombre de citoyens coloniaux dont les conseils généraux ne peuvent représenter tous les intérêts, les attributions de ces conseils avaient été réduites eu égard à ces intérêts, à une importance purement consultative ; mais d'autres raisons justifient ces restrictions, dans des pays où la masse de ceux qui ont tous les droits des citoyens, n'en ont ni l'origine, ni l'intérêt ni les qualités.

Au reste le régime législatif des colonies est actuellement encore en voie de transformation, et les projets qui s'élaborent en ce moment devant le Conseil d'Etat ne seront certainement pas les derniers. Dès l'année prochaine, notre Annuaire de 1866 fera connaître la nouvelle constitution politique et administrative des principales colonies françaises.

§ 3. *Législation civile des colonies françaises.* — A quelques exceptions près, la législation civile des colonies n'est autre que celle de la France. Ces exceptions ne sont pas les mêmes pour toutes les colonies, en sorte qu'il y a, de l'une à l'autre, des différences assez notables; l'opinion tend à les faire disparaître, sans approfondir peut-être suffisamment les causes qui les ont fait établir.

Comme leur gravité n'est pas moindre aujourd'hui pour être méconnue, il ne sera pas plus hors de propos de faire voir ici ce qui affaiblit, sous ce rapport, la valeur de l'assimilation du Code civil des Antilles au Code civil métropolitain, qu'il ne l'était de faire voir, dans les précédentes éditions, ce qui justifiait les différences qui, sous le même rapport, existaient encore entre les deux Codes.

En France même, l'expropriation n'a pas paru sans inconvénients.

Pour prévenir les maux qu'entraînerait une application trop facile et trop fréquente de cette mesure extrème, le Code l'a soumise, dans un intérêt d'humanité et d'ordre public, à des formalités et à des lenteurs qui sont d'utiles entraves à l'exercice du droit rigoureux établi en faveur des créanciers. C'est au moyen de ces garanties que l'expropriation est devenue praticable en France, et que, malgré de nombreux et sérieux inconvénients, on a pu lui reconnaître des avantages en plus grand nombre et plus importants, qui l'ont fait adopter. Faute de ces garanties, il est douteux que la législation eût admis une procédure qui aurait exposé la société à un bouleversement continuel et général par le désespoir des personnes et par la dépréciation des biens.

Mais ces garanties, d'où se tirent-elles, sinon d'un état de choses très-propre à les généraliser, à les entretenir, à les assurer et à les perpétuer? Certitude, actualité, présence et abondance des moyens de faire valoir; facilité de diviser, de bailler, d'aliéner; multiplicité des moyens d'utilisation par la diversité des cultures et des convenances; variété infinie des ressources pour l'emploi des bras et des facultés; stabilité sous la protection des lois; abondance des capitaux; concurrence toujours assurée; voilà ce qui se trouve toujours en France, et si jamais il n'en était plus ainsi, elle serait bien déchue. En l'absence de ces causes d'une confiance générale dans les immeubles, l'expropriation forcée ne serait qu'un bouleversement pénible pour les particuliers et dangereux pour l'État; le plus souvent sans avantage pour le créancier ni pour le débiteur, qui courraient toujours le risque, l'un de n'être pas payé, même en devenant propriétaire, l'autre de n'être pas libéré, quoique dépossédé de son héritage.

Or les garanties dont nous avons parlé, compagnes nécessaires de l'expropriation forcée, n'existent pas aux colonies : incertitude des moyens de faire valoir et absence complète de ces moyens, attachés exclusivement à un atelier qui tient peu à ses engagements, et qu'il faut se procurer à grands frais dans l'Inde, difficulté voisine de l'impossibilité, qu'on veuille donner à bail l'immeuble ou s'en défaire ; ou, si c'est une sucrerie, la diviser, — nécessité presque absolue de conserver la culture établie, sans espoir de la pouvoir remplacer par une autre, ni de changer la destination des usines. — Défaut de ressources pour l'emploi des bras ou des facultés, en dehors des exploitations agricoles et de tout ce qui y tient, faute d'établissements industriels. refuge, en France, de tant d'hommes sans ressources. — Absence ou existence passagère et fugitive des capitaux ; état précaire de toutes les fortunes, attachées à un tarif, à un traité, à une déclaration de guerre... Voilà les colonies. Cet état de choses a été un obstacle sérieux à l'application qu'on a longtemps hésité à leur faire de la procédure relative à l'expropriation forcée.

Cette question étant d'un grand intérêt pour la législation civile des colonies, il importe de l'éclairer tout à fait en rapprochant, des principes qui viennent d'être exposés, la pratique contraire établie depuis longtemps à la Réunion.

L'expropriation forcée fut appliquée aux îles de France et Bonaparte (Maurice et Réunion) par le capitaine général Decaen en 1808. Il est aujourd'hui facile, après une expérience de cinquante-huit ans, de juger des effets de cette législation sur le crédit et la constitution sociale de la colonie. Il y en a d'immédiats : ce sont ceux qui intéressent les relations du débiteur et du créancier, de l'emprunteur et du capitaliste. Il y en a d'éloignés : ce sont ceux qui intéressent d'une manière générale la société par les nécessités qu'ils créent, par les usages qu'ils tendent à établir, et par le résultat économique et politique qu'ils amènent. Or le taux légal de l'intérêt, à la Réunion, n'a point cessé d'être plus élevé que dans les Antilles, où le droit d'expropriation n'existait pas. Jusqu'à l'établissement du Crédit foncier, l'intérêt conventionnel y a presque toujours été supérieur au taux légal, et accru encore par des conditions favorables au prêteur, telles que la commission d'avances, l'obligation de consigner annuellement des denrées en quantité plus que suffisante pour éteindre la dette; souvent les récoltes entières; la stipulation des convenances du prêteur pour l'expédition; quel-

quelefois la fixation anticipée du prix du fret.

Les propriétaires, jusqu'à l'époque indiquée, ne trouvaient guère, à la Réunion, à emprunter à de meilleures conditions. En vain offraient-ils de bonnes hypothèques ; le fonds n'inspirait pas assez de confiance ; le produit en inspirait davantage. En général, les hypothèques n'y avaient pas pour origine un prêt ou un contrat passé dans une situation parfaitement libre : la dot d'une femme, les droits d'un mineur ou de quelque cohéritier, le privilége du vendeur, un jugement, une transaction ; voilà les causes les plus fréquentes, et presque les seules, des hypothèques qui y grèvent les immeubles.

Malgré ces hypothèques, dont beaucoup de créanciers sont armés, l'expropriation forcée a été rare à l'île de la Réunion, comparativement au nombre des dettes arriérées. Une grande dépréciation est partout la conséquence d'une vente judiciaire, mais plus dans les colonies qu'ailleurs ; il y a peu d'acquéreurs dans un pays où il y a peu de capitaux et dont la plupart des habitants sont obérés ; en troisième lieu, ce ne sont pas les terres qui manquent, et, en général, on cherche plutôt à se procurer des moyens de culture qu'à agrandir une propriété qui, telle qu'elle est, reste en partie inculte ou négligée ; et enfin, si les expropriations se multipliaient, les tribunaux, faute d'enchérisseurs, auraient à adjuger les propriétés saisies pour le quart, peut-être pour le dixième de leur valeur.

Toutes ces considérations empêchent la plupart des créanciers d'user de leur droit d'expropriation, lequel, sans être illusoire, est, par ces raisons, rarement utile. D'ailleurs, le créancier privilégié qui exproprierait son débiteur le rendrait presque toujours insolvable, et serait vu de mauvais œil par les autres créanciers qui resteraient victimes de sa rigueur. Indépendamment de ce motif, capable de retenir les plus melveillants, la certitude d'être payé plus tard porte le créancier privilégié à attendre les revenus en se les assurant ; la crainte de ne l'être pas porte les créanciers qui ont moins de garanties à attendre leur tour. Cela explique pourquoi, à la Réunion, malgré la législation qui permet l'expropriation, le crédit repose moins sur le fonds que sur le revenu. Ce sont les revenus qu'on cherche à s'assurer, quiconque peut en garantir la livraison trouve facilement à emprunter. Celui qui n'a que la

ressource d'une hypothèque frappe en vain à la porte du capitaliste ou du négociant.

Quant aux conséquences éloignées du droit d'expropriation, elles paraissent échapper à l'observation des plus intéressés ; mais elles n'en sont pas moins réelles. Pour éviter une hypothèque toujours menaçante et la rigueur d'un droit qu'on exerce rarement, à la vérité, mais qui se fait quelquefois racheter par des intérêts usuraires et d'onéreuses transactions, l'héritage se divise, se morcelle, s'anéantit, comme cela arrive en France, et laisse dans le paupérisme et le prolétariat la postérité de ses anciens maîtres.

Telle est, en un mot, la condition du droit d'expropriation forcée, dans la seule colonie française où il soit établi depuis longtemps, que l'on redoute presque autant la nécessité de l'exercer que de le subir, et que, pour s'y soustraire, il n'est aucun expédient auquel créanciers et débiteurs ne soient prêts à recourir.

§ 4. *Législation criminelle.* — Avant l'émancipation, la législation criminelle se compliquait nécessairement, dans toutes les colonies à esclaves, d'un code spécial qui a disparu avec son objet. A l'égard des hommes libres, dans toutes les colonies françaises, le code pénal était à peu près le même qu'en France. La différence la plus importante était dans la composition des tribunaux criminels.

Cette législation est restée la même et s'applique indistinctement à toutes les classes de la population.

La procédure, l'instruction, la défense sont soumises dans les colonies aux mêmes règles qu'en France.

Les cours d'assises se composent de trois conseillers de la cour impériale dont l'un préside, et de quatre assesseurs tirés au sort sur une liste de membres désignés par le gouvernement, et prononçant concurremment avec les trois magistrats, sur la position des questions, sur toutes les questions posées, et sur l'application de la peine.

Ce système ne s'applique qu'aux trois principales colonies ; la Réunion, la Martinique, la Guadeloupe et dépendances ; il a été légèrement modifié à la Guyane, tant pour la composition que pour les attributions ; et un décret impérial y attribue à la juridiction correctionnelle les vols commis sans violence et sans les circonstances qui entraînent la peine des travaux forcés.

Dans les autres colonies, il y a beaucoup

de variété sous le rapport de la composition des tribunaux criminels, mais peu ou point sous celui de la législation.

§ 5. *Législation commerciale.* — Jusqu'à ces derniers temps le régime commercial des colonies françaises excluait à peu près tout commerce étranger ou n'admettait la marchandise étrangère, surtout par bâtiments étrangers, qu'avec des droits fortement protecteurs; leurs denrées devaient être, sauf un petit nombre d'exceptions, réservées au pavillon et au marché français. Mais, depuis peu, les denrées coloniales ont cessé d'être protégées aussi efficacement. Les traités avec les États-Unis, avec Saint-Domingue, avec la Hollande, les priviléges du sucre de betteraves, avaient rendu presque impossible la culture du coton et du café et gravement compromis celle de la canne. Par le traité avec l'Angleterre, la métropole a renoncé en principe à la protection de ses marchandises et de sa navigation, pour arriver graduellement au principe nouveau du libre échange. Les colonies, qui n'ont d'autre navigation propre qu'un certain cabotage, ni d'autres établissements industriels que leurs sucreries, ou les chaudronneries et les fonderies qui les servent et qui sont attachées à leur sort, n'ont rien à craindre ou à espérer du libre échange qu'en raison de leur éloignement ou de leur proximité des débouchés; mais aucun des effets de cette législation ne s'est encore fait sentir à elles. C'est un protectorat politico-commercial qui se fonde sur les débris du système protecteur au profit de l'industrie la plus perfectionnée, de la navigation la plus favorable et de la marine la plus puissante.

§ 6. *Gouvernement colonial.* — Les formes du gouvernement ne sont pas les mêmes dans toutes les colonies.

La table suivante indique celles qu'a établies le sénatus-consulte du 3 mai 1854, à la Réunion, à la Martinique et à la Guadeloupe.

1° Un gouverneur chef de toutes les branches de l'administration civile, financière et militaire. Indépendamment des pouvoirs ordinaires attachés à ce titre, il est armé, pour la haute police et la sûreté générale de pouvoirs extraordinaires dont il use sous sa responsabilité.

La station navale a un commandant indépendant; toutefois le gouverneur dirige les mouvements des bâtiments de guerre affectés spécialement au service de la colonie.

2° Un évêque exclusivement chargé de tout ce qui concerne le culte catholique, l'administration cléricale et la discipline religieuse. Il n'a besoin du concours de l'administration coloniale ou métropolitaine qu'en ce qui concerne le temporel des églises et le recrutement du clergé en France.

Dans toutes les autres colonies, l'Algérie exceptée, les pouvoirs de l'évêque sont exercés par des préfets apostoliques qui sont, pour tout ce qui ne tient pas à leur caractère sacerdotal, dans une certaine dépendance du gouvernement colonial.

3° Trois chefs d'administration, savoir dans l'ordre hiérarchique :

Un ordonnateur qui a dans ses attributions tous les détails du service guerre et marine et du trésor. Un directeur de l'intérieur. Ses attributions comprennent tous les services coloniaux autres que ceux qui sont spécialement dévolus à ses deux collègues. Un procureur général, ayant dans ses attributions la justice civile et criminelle à tous les degrés, les prisons, le syndicat des travailleurs. Il a aussi, en sa qualité de chef d'administration, diverses attributions indépendantes de celles de chef du parquet, qui lui donnent le pas sur le président de la cour impériale.

4° Un contrôleur. Ses attributions s'étendent à toutes les dépenses qui se font dans la colonie, soit coloniales, soit métropolitaines.

5° Un Conseil privé présidé par le gouverneur, et composé des trois chefs d'administration, du contrôleur et de deux colons nommés par l'Empereur, remplacés au besoin par des suppléants. Ses fonctions consistent à donner son avis sur toutes les questions pour lesquelles il est convoqué. L'évêque doit y être appelé avec voix délibérative dans toutes les questions relatives au culte ou à l'instruction publique.

Constitué en comité du contentieux par l'adjonction de deux magistrats désignés par le gouverneur, il connaît de toutes les questions litigieuses qui intéressent l'administration, sauf recours des parties au conseil d'État. Constitué en commission d'appel, il prononce, sauf recours en cassation, sur l'appel des jugements rendus en première instance en matière de douane et de contributions directes.

Dans les colonies autres que la Réunion, la Martinique et la Guadeloupe, il n'y a qu'un conseil d'administration, présidé par le gouverneur ou le commandant, et dont le contrôleur fait toujours partie.

Dans les colonies de l'Océanie, il n'y a qu'un comité consultatif nommé par le gouverneur.

6° Un conseil général nommé, moitié par le gouverneur et moitié par les conseils municipaux qui, eux-mêmes, sont tous nommés par le gouverneur. Ce conseil n'existe que dans les trois principales colonies.

7° Les communes sont organisées comme dans la métropole ; les attributions des maires et des conseils municipaux y sont les mêmes ; mais les uns et les autres sont nommés par le gouverneur. L'organisation municipale n'existe pas dans les autres colonies, si ce n'est dans la seule ville de Cayenne. Elle y est remplacée par les attributions de certains fonctionnaires qui commandent les quartiers.

8° Un comité consultatif des colonies siégeant à Paris. Il est composé de trois délégués nommés par les conseils généraux, et de quatre membres nommés par l'Empereur ; le ministre nomme le secrétaire du comité.

9° Des tribunaux de paix et de police organisés comme en France, mais avec des attributions un peu plus étendues.

10° Un ou plusieurs tribunaux de première instance.

11° Une cour impériale composée de sept conseillers et de deux conseillers auditeurs.

Il n'y a pas d'avocat général. Les parquets et les greffes y sont d'ailleurs institués comme en France.

Tous les magistrats y sont amovibles.

Cette organisation n'existe que dans les trois principales colonies, et, avec quelque différence dans le nombre des magistrats, à la Guyane et dans l'Inde.

12° Une cour d'assises composée de trois conseillers de la cour impériale et de quatre assesseurs.

Dans les colonies autres que la Réunion, la Martinique et la Guadeloupe, c'est la plus haute juridiction civile, constituée en cour criminelle, avec ou sans adjonction de jurés, qui remplace les cours d'assises.

La Cochinchine, n'a pas encore reçu une organisation qui permette de considérer le territoire conquis comme une colonie établie.

Quant à l'Algérie, malgré une occupation qui date bientôt de 36 ans, malgré l'extension progressive que cette conquête a reçue, et malgré les études et les essais dont elle a été l'objet, le régime qui y est actuellement en vigueur n'est, comme ceux qu'il a remplacés, que provisoire. Dans les notices publiées en 1866, par ordre du ministère de la marine, l'Algérie n'est mentionnée que dans la nomenclature ; et la cause qui en est donnée est, *que cette possession française est dotée d'une organisation toute spéciale et qu'elle est confiée à une administration entièrement distincte de celle des autres colonies.* A la tête de l'administration sont placés un gouverneur général, un sous-gouverneur, et un directeur général des affaires civiles, qui correspondent avec le ministère de la guerre. L'organisation judiciaire y est plus complète que dans les autres colonies, et dépend exclusivement du ministre de la justice. Il est question d'y créer un archevêché et deux évêchés. Jusqu'à présent il n'y a qu'un seul évêché à Alger.

IV. Importance des colonies.

§ I. *Considérations préliminaires.* — Le régime en apparence cosmopolite qui, sous le nom de libre échange, menace quelques Etats et promet à d'autres une haute fortune, diminue nécessairement, annule ou déplace l'importance des colonies. Il la diminue en tout ce qui concerne la mission civilisatrice dont elles sont providentiellement chargées sous la direction de leurs métropoles ; il l'annule ou la déplace au détriment du plus grand nombre, en transportant à la nation maîtresse de la mer les avantages assurés auparavant par le commerce réservé à toutes celles qui possédaient des colonies.

A ne considérer que l'importance propre et locale des colonies, soit commerciale, soit agricole, il est difficile que les plus éloignées n'en soient pas bientôt dépouillées au profit de celles qui se trouveront plus rapprochées de l'Europe. Et celles-ci même partageraient bientôt la détresse des premières, si leurs exportations et leurs importations n'étaient pas promptement abandonnées aux seuls navires capables de leur offrir les conditions de transport les plus favorables.

Le développement de ces aperçus serait une discussion du Libre-Échange dont ce ne peut être ici la place. Nous n'en dirons donc pas davantage touchant l'influence que le libre-échange doit avoir sur l'avenir des colonies et nous traiterons de leur importance en prenant pour base le principe qui a présidé à leur fondation, à leurs développements et sous la protection duquel elles répondent ou peuvent répondre encore au but politique et à la vocation providentielle de leur institution.

§ 2. *Mission civilisatrice des colonies.*— L'importance des colonies n'a jamais consisté uniquement dans leurs produits, ni dans leurs relations avec leurs métropoles.

Anciennes ou modernes, fondées sur tel principe ou sur tel autre, les colonies ont toujours eu un caractère spécial qui leur a été commun : celui de civiliser le monde ; de faciliter la fusion des races diverses qui composent le genre humain, et de préparer ainsi leur retour à l'unité finale promise par l'auteur même de l'unité originelle. Mais cette mission providentielle du génie de l'humanité, les colonies y travaillent avec plus ou moins de succès, selon le principe de leur fondation, selon les temps et les lieux, selon leur régime intérieur et surtout selon les doctrines qu'elles importent et qu'elles propagent aux lieux où elles sont établies.

L'harmonie des œuvres providentielles éclate ici, dans la proportion et la convenance des moyens à l'effet attendu de leur efficacité. Car il n'y a que la supériorité de l'intelligence et de toute sorte de force qui ait le pouvoir de vaincre la barbarie et de la transformer. Il n'y eut aussi que les peuples les plus civilisés qui fondèrent des colonies ; et il n'y a aujourd'hui que les peuples chrétiens qui s'établissent dans toutes les parties du monde. A mesure qu'un peuple déchoit, il cesse de coloniser ; plus il s'élève, au contraire, plus aussi il s'étend par la colonisation ; comme les arbres, dans lesquels la propagation des racines correspond toujours au développement des branches et du feuillage.

La Phénicie et l'Egypte cessent de coloniser quand la Grèce et l'Italie leur deviennent supérieures. Un nouveau monde est découvert ; il devient une annexe des empires chrétiens de l'Europe. L'Asie n'y a aucune part.

Il ne sera pas hors de propos de rechercher si les colonies anciennes ont eu, à cet égard, l'avantage sur les colonies modernes, et, entre celles-ci, quel a été le système le plus fécond en résultats, ou le plus riche en espérances.

Un fait semble ressortir généralement de l'histoire des colonisations anciennes et particulièrement de celle des colonies modernes : c'est qu'elles opèrent plutôt par la substitution d'une race à l'autre que par la modifica-

tion même des races ; et que les effets de cette substitution se propagent difficilement après la disparution de la race colonisatrice. Les colonies grecques en Asie, étaient devenus des Etats florissants ; ils n'ont point survécu à la ruine de l'empire grec, et n'ont laissé que des traces matérielles dans les nouveaux Etats asiatiques. Les colonies romaines en Afrique ont eu le même sort ; elles n'ont pas laissé leur héritage aux Numides, aux Maures, aux Arabes et aux Nubiens d'Egypte : Il n'y a pas eu de transformation. Le christianisme même n'a pas, du premier coup, produit ce miracle réservé à l'avenir. Le génie des populations africaines, vaincues autrefois par Metellus et par Scipion, pacifiquement acquises plus tard à l'Eglise d'Afrique, et rejetées dans la barbarie par l'invasion musulmane, se retrouve dans les populations qui combattent encore nos armées en Algérie. Mais partout où les Grecs et les Romains ont trouvé des populations japétiques ; ils se les sont véritablement assimilées, et malgré la chute de leur empire, leurs mœurs, leurs usages, leurs lois et tout ce qui constituait le fond de leur civilisation s'est perpétué. Les révolutions n'ont fait disparaître que la richesse en laissant dans les institutions tous les germes d'une prospérité nouvelle, qui, fécondés par le christianisme, n'ont pas tardé à reproduire une civilisation supérieure mais encore trop semblable à l'ancienne.

On peut de nos jours observer les mêmes effets et assister à des scènes semblables dans certaines colonies européennes. Les Anglo-Saxons, les Irlandais, les Allemands de l'Union américaine, chez qui la généreuse sève du christianisme s'est quelque peu desséchée ou corrompue, se substituent aux Indiens d'Amérique ; ils ne les civilisent pas. Les Anglais se sont établis au milieu des castes indiennes, sans se les assimiler, sans même le tenter. Ils ont maintenu la loi hindoue. Il est plus facile, peut-être devrions-nous dire plus utile aux conquérants de ces pays, d'en exterminer les habitants que d'en changer les mœurs. Toute l'autorité du commandement, tout le prestige de la puissance, tous les droits de la victoire, n'obtiennent pas le sacrifice d'une idée, là où le sacrifice de la vie et des trésors n'a point connu de bornes. A la Nouvelle-Zélande, les indigènes ont le même sort qu'en Amérique les peaux rouges. Dans la Nouvelle-Calédonie, en Algérie, on a le pressentiment d'un obstacle de même nature à une colonisation entreprise sur des principes peu différents par la France. On commence à soupçonner que c'est sur la population européenne toute seule qu'il sera permis de compter.

Telle est donc la mesure dans laquelle peut s'accomplir la mission civilisatrice des colonies, dans tous les pays où le vainqueur, dédaignant ou méconnaissant le pacifique drapeau qui seul assure la victoire, se trouve en présence d'une population appartenant à une race différente. Celle-ci n'en peut-être l'agent ; et pour qu'elle ne devienne pas un obstacle, si la colonisation n'a un caractère éminemment religieux, elle devra, ou être exterminée comme en Amérique et ailleurs; ou être soumise au travail par le droit de conquête, comme les Javanais, que le colon hollandais achète par milliers avec la terre, sans toutefois les posséder à titre d'esclaves ; ou enfin être contenue par une organisation forte de travailleurs européens, dont nous avons pu dire en 1845, dans notre première édition, qu'il n'existait encore ni exemple ni modèle, mais dont il nous semble qu'une lettre impériale sur l'Algérie porte le germe, ou tout au moins l'idée.

Nous n'avons parlé, dans aucune des éditions précédentes, au mot *Colonie*, des plus héroïques et des plus puissants civilisateurs du monde. Les chrétientés fondées par les missionnaires catholiques ne sont point des colonies. Elles se sont fondées sans recevoir ni colons, ni marchands, ni garnison, ni fonctionnaires. Elles n'ont été assujetties à aucune métropole; elles n'ont été ni vaincues par la force, ni liées par des traités. Il est cependant impossible d'oublier la vaste chrétienté du Paraguay, fondée par les Jésuites ; et Dieu a, sans doute, permis ce grand succès, pour apprendre aux hommes le seul moyen qu'il y ait, pour les colonies, de propager dans toutes les parties du monde la civilisation chrétienne (la seule à proprement parler qui soit digne de ce nom), sans substituer la race initiatrice à la race initiée.

En faisant entre les colonies et les chrétientés la distinction qui résulte d'un principe, de moyens et d'un but tout différents, on peut dire que, jusqu'à présent, les colonies n'ont pas eu, au point de vue de la civilisation, d'autre conséquence appréciable qu'une certaine extension de la population et de la puissance métropolitaine. Dans l'antiquité comme dans les temps modernes, c'est moins par la propagation des usages, que par la substitution des races, que le mouvement civilisateur a été caractérisé.

Pour trouver quelques rudiments d'un système plus généreux, plus fécond et plus glorieux, fondé sous l'influence de la Religion, mais bientôt corrompu par la cupidité, il faut (chose étonnante), se transporter dans ces colonies brûlantes, où l'esclavage avait été appelé au secours de l'impuissante audace du conquérant européen, et où un petit nombre de Blancs, incapables de cultiver le sol, a su, par ce moyen, créer rapidement de riches provinces et de brillants empires.

La Jamaïque, Cuba, Saint-Dominigue, Demerari, le Brésil, la Louisiane, les Carolines, et une infinité d'autres colonies fondées par les divers peuples de l'Europe, ont été un essai dont les résultats ont modifié l'ancien monde. A peine créés, ces établissements encore informes ont balancé l'empire des Indes orientales, et leur ruine a été jugée nécessaire à la conservation de ce dernier. Sans discuter l'arrêt exécuté contre eux, et que leur grand accusateur a cru être un arrêt de mort, nous avons à faire une réflexion sur le puissant ressort qui avait produit de si grandes choses, et sur les moyens de continuer dans la liberté et par la liberté, la mission civilisatrice, qui est le premier attribut des colonies et qui a été commencée dans l'esclavage et par l'esclavage.

Seules entre toutes les colonies, celles dont nous parlons et dont l'esclavage des nègres avait fait la prospérité, ont étendu à une race étrangère, et de toutes, la plus réfractaire à nos mœurs, le bienfait de la civilisation européenne. On peut discuter sur le prix auquel l'Européen se l'est fait payer : mais, en écartant des doctrines et des théories controversables, pour ne voir que les faits, on est obligé de reconnaître que jamais la mission civilisatrice des colonies n'avait reçu une application plus sûre et plus hardie.

Arracher à la barbarie et presque à la dent d'un maître sauvage, des esclaves voués à toutes les plus grandes misères de l'âme et du corps; les attacher à l'Européen comme une portion de sa famille et de lui-même; lui donner sur eux une autorité étendue seulement jusqu'aux bornes de l'autorité paternelle; leur assurer, dans un esclavage ainsi modifié et adouci, des droits positifs à la nourriture, au logement, au vêtement, aux soins médicaux durant toute leur vie ; imposer de plus au maître, comme condition de ses droits, l'initiation chrétienne de l'esclave par le baptême et l'instruction religieuse ; placer ce nouveau chrétien sous la protection des lois et des magistrats d'une nation, européenne et lui offrir, comme encouragement la perspective de la naturalisation par l'affranchissement ; c'était là, certes, une conception qui ne pouvait soulever *à priori* que des scrupules économiques, et dont la hardiesse, sous ce rapport, dut paraître ne pouvoir être justifiée que par les résultats matériels. Nous n'avons à juger, dans ce paragraphe que des résultats d'une tout autre nature.

Rien n'avait été oublié pour que le rapprochement des deux races fût fécond en fruits de civilisation. Fondé sous les auspices de la Religion, à une époque où elle jouissait de toute sa liberté, de toute son autorité, le système colonial put livrer aux enseignements de l'Évangile les seules populations que la pieuse milice des Religieux n'avait pu aller chercher dans leur propre pays.

Plusieurs millions de familles libres, chrétiennes, civilisées, dont trente mille françaises, étaient déjà au commencement de ce siècle, dans les diverses colonies tropicales des nations européennes, le fruit du moderne système. Saint-Domingue en a été le produit, comme les autres républiques libres des deux Amériques ; et malgré un sevrage prématuré, accompagné de la plus déplorable crise, cet enfant de la France a pu conserver quelques traits de son initiation aux mœurs et à la religion de son ancienne métropole.

Arrêté à la forme primitive où en sont encore Cuba, le Brésil, Porto-Rico, et d'où sont maintenant sorties presque toutes les anciennes colonies à esclaves ; arrêté, disons-nous, à cette forme et maintenu dans l'état nécessairement très-imparfait de sa création, le système colonial devait, dans chaque colonie, arriver promptement, non à son but, mais au terme de ses progrès, et par conséquent de sa mission civilisatrice. Il devait tomber dans l'impuissance de la continuer.

On peut dire qu'il touchait à ce terme, quand l'Angleterre, par un calcul profond, et quelques années après, la France, par un sincère entraînement philanthropique, ont précipité les événements. Depuis quelques années, les faits qui avaient précédé cette révolution étaient une preuve de sa prochaine

maturité. Des contrées désertes, ou pourvues d'une population insuffisante pouvaient seules devenir ou rester, par le même système colonial, le théâtre d'un développement nouveau. Mais partout où le sol avait été convenablement occupé ; partout aussi où la population européenne, en se comparant numériquement à la population nègre, pouvait croire que celle-ci était arrivée à des proportions que, abstraction faite des besoins du sol, il conviendrait de ne pas dépasser, là, disons-nous, la mission civilisatrice du système colonial fondé sur l'esclavage se trouvait non accomplie, mais bornée.

Aussi, et c'est une chose bien digne de remarque, c'est de la Jamaïque, des États américains du Sud et d'autres Colonies que sont émanées, après l'initiative de l'Angleterre, les premières propositions pour la suppression de la traite. On se rappelle qu'à la Restauration, Louis XVIII, considérant l'insuffisance des travailleurs esclaves dans les quelques Colonies qui furent à cette époque rendues à la France, demanda et obtint un délai pour l'abolition de la traite et qu'il le borna au temps présumé nécessaire pour compléter les contingents réclamés par les besoins des territoires non cultivés.

Depuis l'expiration de ce délai, les lois qui prohibèrent la traite, et les traités mêmes qui avaient imposé ces lois, ne reçurent une exécution sérieuse que dans les pays où ne se faisait que peu sentir la nécessité ou l'utilité d'une augmentation de travailleurs. Cuba et le Brésil, si souvent accusés, n'avaient pas d'autres sentiments, mais d'autres besoins.

Ce caractère du système colonial, sous le régime de l'esclavage, est essentiel à observer pour apprécier, sous tous les points de vue, l'importance des colonies ; car il prouve que ses facultés sont bornées, principalement en ce qui concerne leur mission civilisatrice, et il donne les moyens de juger les réformes que réclame le progrès, soit dans les colonies, peu nombreuses, mais importantes, où l'esclavage existe encore, soit dans celles où il a été remplacé par l'immigration des travailleurs libres, liés par un engagement à temps.

§ 3. *Avenir des anciennes colonies à esclaves.* — L'épuisement de la faculté civilisatrice du système colonial sous le régime de l'esclavage tient à ce que toute colonie fondée sur ce régime doit cesser, dans un temps donné, d'appeler ou de recevoir de nouveaux travailleurs. Soit que la traite cesse par l'emploi de nouveaux moyens, soit que, en se continuant, elle parvienne à satisfaire tous les besoins de l'agriculture coloniale, le mouvement civilisateur et tout progrès nouveau doivent s'arrêter après une période assez courte; et si les moyens de répression restent insuffisants, ils auront prolongé la traite au lieu d'en hâter la fin. La pléthore des colonies produira un effet plus sûr et plus prompt que les prohibitions armées; et il y aura pléthore, non pas seulement lorsque tout le sol sera cultivé, mais encore aussitôt qu'une certaine proportion, entre la population blanche et celle des nègres et des affranchis sera dépassée.

Ainsi, il est facile de comprendre que beaucoup de causes, tant intérieures qu'extérieures, devaient hâter le moment où la traite cesserait. Au nombre des causes extérieures et en première ligne, il faut mettre le caractère criminel que la cupidité des armateurs négriers et traitants avait donné au trafic des esclaves. En le convertissant en une sorte de piraterie, elle devait le discréditer et armer contre lui, des plus solides raisons, une politique à laquelle des prétextes auraient peut-être suffi. Il existait donc, indépendamment des causes intérieures que nous avons indiquées, une mesure difficile à déterminer, mais certaine, au delà de laquelle la traite n'aurait pu se continuer; et cette mesure, il y avait mille raisons pour que la traite cessât avant de l'avoir pu atteindre. Une fois la traite arrêtée, l'esclavage colonial lui-même devait, dans un temps plus ou moins court, arriver à son terme. Là aurait fini le rôle spécial des colonies modernes pour la civilisation du monde. Là eût commencé pour elles un travail intérieur qui se fût terminé, même sans révolution, par une libération plus ou moins prompte des esclaves. Par cela seul, elles se fussent, sous le rapport de la mission civilisatrice, distinguées des colonies anciennes, que nous avons dit avoir concouru au progrès de la civilisation, non par l'éducation directe d'une race étrangère, mais par l'échange des idées et des marchandises, et par le perfectionnement des relations qui naissent du commerce.

L'émancipation des esclaves aux colonies dans lesquelles la traite a cessé ou cessera est la dernière phase du système colonial, si ce système ne se réforme pas dans les colonies que l'émancipation n'a pas encore atteintes, et s'il n'est pas, dans les autres, remplacé par un système plus large et plus fécond. L'émancipation des esclaves dans les colonies anglaises et françaises n'est donc pas, à proprement parler, une réforme, c'est une accélération de la dernière phase du système, et rien de plus.

Dans toutes les colonies à esclaves, déjà émancipées ou à émanciper, une véritable réforme est urgente. Elle doit avoir pour objet d'empêcher que l'effet borné à l'assimilation plus ou moins préparée d'un nombre restreint d'étrangers ne soit le dernier, et que la mission civilisatrice des colonies, aussi glorieuse pour les nations chrétiennes qui les ont fondées qu'heureuse pour l'humanité, ne soit bornée, dans ce qu'elle a de spécial, à la conquête de quelques millions de nègres.

Or la solution du problème a ses données dans les vices mêmes par lesquels le système colonial a vu ou devait voir ses effets ainsi bornés et arrêtés.

Où est la cause des anathèmes prononcés contre la traite, et qu'on commence à faire entendre contre l'immigration des travailleurs libres elle-même? C'est le premier vice à corriger.

Où est la cause de la pléthore qui, naturellement, avait déjà ou aurait bientôt mis un terme à la traite et arrêté à cette dernière phase la mission civilisatrice du système colonial? Là est le second vice.

Le premier disparaîtra, si les gouvernements se réservent, à l'exclusion des spéculateurs, le choix, l'engagement et le transport des travailleurs étrangers; parce que les pouvoirs publics offrent seuls à l'humanité les garanties que réclament l'examen et la solution des questions d'état et de libre consentement auxquelles l'engagement, le transport et la destination des travailleurs peuvent donner lieu.

En se réservant, comme ils l'ont sagement fait, l'établissement des conditions auxquelles l'immigration doit être soumise, ils n'ont prévenu que les moindres abus de l'opération, les moins présumables et les plus difficiles.

Le second vice disparaîtra également:

1° Si les libérations du service, à l'expiration de l'engagement, ne donnent pas lieu, — comme faisaient et font encore, soit les affranchissements, soit les naturalisations, — à l'accumulation dans les colonies, d'une population étrangère, nulle pour l'agriculture, sinon absolument oisive;

2° Si, — comme il arrive aujourd'hui dans les colonies émancipées par suite d'un système d'immigration qui restitue au paganisme ou à la barbarie l'intégralité des contingents successifs de travailleurs empruntés à l'Afrique ou à l'Inde , — ces libérations n'ont pas pour résultat la perte absolue et le renouvellement perpétuel des ébauches de civilisation obtenues par cinq années d'engagement;

3° Et si, au contraire, en laissant une place à des travailleurs nouveaux, les libérations deviennent, sur un autre territoire et sous la direction du gouvernement , la base d'une colonie nouvelle de cultivateurs propriétaires.

La civilisation chrétienne circulera ainsi des colonies européennes à la terre d'Afrique, sans que l'altération du principe puisse jamais discréditer le système, et sans que l'accomplissement d'une première évolution en puisse jamais arrêter ou retarder une seconde. L'origine en sera toujours pure dans les mains du gouvernement; la conduite en sera toujours sage sous sa direction; les effets en seront toujours sûrs, bienfaisants et fructueux sous sa protection. L'Africain nu et enfant arrivera toujours librement sur la terre des chrétiens. Il y fera son éducation, il y deviendra homme pour en sortir et aller, à son tour, placer sur une propriété qui sera le salaire de son travail pour autrui, et par conséquent sienne, le capital d'intelligence que son temps de service lui aura acquis.

Libéria, fondée en 1821, aurait pu être un exemple aussi glorieux que fécond de ce système circulatoire de colonisation civilisatrice. Pour cela, il ne suffisait pas que cette colonie fût un asile de liberté offert au mécontentement des hommes de couleur, si mal vus alors en Amérique, et ouvert aux nègres libres de l'Afrique ; il aurait fallu que le noyau américain s'enrichît périodiquement de recrues demandées à un système régulier d'affranchissement, auquel, à cette époque, l'Amérique était bien loin de penser, et aurait été plus loin encore de vouloir se prêter.

C'est aux nations dont la fortune coloniale est le plus menacée à entrer dans cette voie de réparation et de progrès. Alors le système colonial aura reçu sa dernière forme et sera digne des nations chrétiennes.

§ 4. *Avantages que les colonies offrent à leurs métropoles.* — Des économistes ont nié l'avantage des possessions coloniales pour la France. Il paraît impossible de le nier, au moins d'une manière absolue ; et nous pensons qu'on ne peut le nier, même par exception, pour la France , qu'en donnant une importance exclusive à des données qui n'ont pas même l'importance principale.

Les avantages que les colonies ont pour leurs métropoles sont de deux sortes : actuels et transitoires, ou essentiels et permanents.

Chaque année, le gouvernement français fait publier des documents statistiques, d'où l'on peut tirer des conclusions certaines sur l'importance agricole et commerciale des colonies; et, au moins probables sur l'attention qu'il y accorde et sur le prix qu'il y attache.

Les derniers états de l'administration générale des douanes portent à 218,297,931 francs le mouvement commercial de l'Algérie seule, et à 259,135,528 francs, celui des autres colonies ou établissements français réunis; en tout 477,433,459 francs, importations et exportations comprises ; et à 1,484,122 tonneaux, le mouvement maritime qu'ils entretiennent; entrées et sorties comprises.

Les chiffres que nous venons de produire expriment des avantages agricoles et commerciaux dont les puissances étrangères ont leur bonne part, peut-être la principale part, sans aucune des charges gouvernementales qui accompagnent les profits de la France. C'est peut-être dans ce fait, que les économistes d'une certaine école puisent leurs arguments contre les colonies. Toutefois le gouvernement révèle dans les chiffres de ses publications un argument tout contraire, puisqu'il présente comme un progrès l'accroissement graduel de ces chiffres, sans qu'il soit possible de nier que le progrès ne fût encore plus sérieux, si l'étranger y avait une moindre part. S'il est certain que la part du pavillon et du commerce étranger dans ces chiffres est à déduire des avantages qu'ils expriment pour la France, il est certain aussi que la mesure de ces avantages est dans la part qui en reste ou qui pourrait en rester à la France et que seul, le système qui diminue cette part réduit ou compromet les avantages signalés par le gouvernement, dans le chiffre progressif de ses statistiques coloniales.

L'importance des colonies pour leurs métropoles (car c'est toujours à ce point de vue qu'il la faut juger) est donc réelle et officiellement reconnue. Elle est de deux sortes comme les avantages auxquels elle est attachée; actuelle et fugitive, au point de vue économique; essentielle et permanente, au point de vue politique. L'une tient à la production et à la consommation coloniales ; l'autre tient, par les besoins de la marine, aux plus grands intérêts de la nation. Dans l'état présent de l'industrie et des armements maritimes en France, la production et la consommation des colonies lui sónt également précieuses. A la vérité, il n'est aucun produit que son commerce maritime ne puisse trouver dans l'Inde, en Chine, au Brésil ou aux Etats-Unis ; mais il ne saurait y trouver, pour le placement de ses marchandises, le débouché que lui assure la consommation des colonies où il rencontre le moins de concurrence. La production coloniale, qui est la base et la mesure de cette consommation, l'intéresse donc au même degré.

La statistique générale du mouvement maritime et commercial de la France, en signalant un mouvement progressif et considérable dans les échanges et les transports, permet d'affirmer que la marchandise et la marine françaises n'ont pas, dans cet accroissement une part qui y soit proportionnée, et qu'à côté d'un progrès absolu, il y a une décadence relative.

Les colonies qui, jusqu'à ce jour, ont occupé la plus grande et la meilleure partie du matériel et du personnel maritime de la France, n'ayant encore que peu ou point ressenti les effets du libre-échange, on peut conclure de la décadence subie malgré la conservation presque intégrale de l'important appoint colonial, que, pour la France, les colonies n'ont rien perdu de leur importance économique.

Si nous possédions encore les vastes colonies où le coton était cultivé, et s'il le pouvait être encore avec profit dans celles qui nous restent, il serait transporté par navires français, et les produits de nos manufactures seraient plus chers peut-être, mais l'exportation de ces produits par bâtiments français et de toute sorte de marchandises serait d'une plus grande importance et offrirait des avantages proportionnés. Si les colonies françaises ne produisaient point de sucre, si elles n'existaient pas ; ou, ce qui reviendrait au même pour le commerce français, si le pavillon national n'y jouissait d'aucun privilége, le sucre serait, comme le coton et la houille, transporté par les Anglais et les Américains : la France le paierait peut-être quelques centimes de moins, mais ses exportations par bâtiments français cesseraient à peu près

complètement. Le mouvement de la navigation nationale et celui du commerce extérieur tiennent donc, l'un exclusivement, l'autre principalement, à l'importance actuelle des colonies. Tels sont les avantages économiques qu'elles offrent à leur métropole, comme conséquences de leur production et aussi de la consommation, qui y est forcément proportionnée.

Ces avantages sont relatifs ; ils dépendent de l'état plus ou moins florissant de la marine métropolitaine. Les progrès provoqués par la prospérité des colonies en réduisent graduellement l'importance.

Lorsque le perfectionnement de l'industrie métropolitaine, favorisée par la protection qu'elle trouve dans la navigation réservée, permettra au commerce national de faire une concurrence sérieuse au commerce étranger, l'importance des colonies, fondée sur leur production et leur consommation, aura disparu ; mais il leur restera une importancee essentielle et permanente tenant aux besoins de la marine.

En effet, la production et la consommation coloniales auront perdu de leur importance pour la France, non parce que le commerce maritime de la métropole aura cessé , mais parce qu'il se sera étendu et déplacé ; alors, pourtant, une protection d'une autre nature ne lui sera pas moins nécessaire qu'auparavant ; au contraire, elle le lui sera bien davantage, puisqu'il se fera principalement à l'étranger.

La marine seule peut lui assurer cette protection, contre les fraudes, les intrigues, les vexations et les abus de toute sorte auxquels les faibles sont exposés. Or les ports des colonies, leur population, leurs richesses agricoles, leurs produits naturels seront toujours nécessaires à la marine comme lieu de refuge; points de ralliement, moyens de recrutement, de réparation et de ravitaillement.

De simples stations occupées militairement et fortifiées n'offriraient pas une garantie suffisante aux escadres, à la distance considérable où souvent elles doivent se trouver de leur métropole. Aucune puissance ne pourrait se flatter d'occuper longtemps des positions fortifiées, au milieu ou sur le bord de la mer, si une population amie et civilisée ne lui prêtait sur les lieux le secours de son travail et, au besoin, celui de son courage. Des places comme Gibraltar, Aden et Périm ne font exception qu'en apparence ; elles n'ont de véritable valeur que pour une puissance maîtresse de la mer ; elles sont d'ailleurs fort rares ; et, par cette double raison, elles ne sauraient suppléer les colonies.

C'est la permanence et la réciprocité de cet intérêt qui lient éternellement les colonies à la marine ; les séparer dans le gouvernement des affaires publiques, ce serait rompre des liens naturels qu'aucune affinité de convention ne saurait remplacer. Si, par exemple, les colonies venaient à passer dans le département du commerce, ou dans tout autre, ou même à former un département distinct, comme on en a fait un court et triste essai, elles n'y retrouveraient ni la puissance qui les a créées, ni l'intérêt qui les protége, et elles pourraient, selon les circonstances, être plus facilement sacrifiées, dans une lutte inégale, aux exigences les plus inintelligentes ou les plus malheureusement forcées.

§ 5. *Etats et tableaux statistiques.* — Pour compléter et résumer tout ce qui vient d'être dit sur les colonies modernes nous allons donner, dans un premier tableau, la production et la consommation des colonies françaises, sans toutefois y comprendre autre chose que les importations et les exportations. Dans un second, le mouvement maritime qu'elles entretiennent ; et dans un troisième, l'état de toutes les colonies européennes qui ne sont pas encore séparées de leurs métropoles.

Mais il faut observer qu'à l'exception des chiffres qui concernent la Réunion, la Martinique, la Guadeloupe, Cayenne, le Sénégal, Mayotte, Sainte-Marie, on ne peut rien conclure, du premier et du second tableau, pour ou contre la prospérité du commerce français et de la navigation nationale ; les importations et les exportations ayant lieu dans toutes les autres colonies par bâtiments anglais, américains et autres de toute provenance et pour toute destination, en proportion beaucoup plus considérable que de provenance française ou pour les ports et par bâtiments français.

Premier tableau.

Extrait des Notices sur les Colonies françaises, publiées par ordre du Ministre de la marine en 1866, page 756,

PRODUCTION ET CONSOMMATION EN 1864.

COLONIES ET COMPTOIRS.	IMPORTATIONS des Colonies en France.	EXPORTATIONS de France aux Colonies.	TOTAUX.
Saint-Pierre et Miquelon,	3,632,784	7,638,320	11,271,104
Guadeloupe et dépendances	18,668,083	14,079,175	32,747,258
Martinique.	27,097,774	18,844,910	45,942,684
Guyane	9,783,820	1,137,377	10,921,197
Sénégal et dépendances	15,426,657	14,909,734	31,036,391
Grand Bassam, Assinie, Dabou	»	»	»
Gabon	1,165,430	1,906,048	3,071,478
Réunion.	34,928,500	24,321,559	59,251,059
Mayotte et dépendances. Sainte-Marie de Madagascar	363,829	998,711	1,362,540
Pondichéry et dépendances.	5,836,400	21,138,322	26,974,722
Saïgon ou Cochinchine	14,000,000	16,697,787	30,697,787
Otaïti et dépendances.	2,426,312	1,377,006	3,803,318
Marquises	»	»	»
Nouvelle Calédonie.	1,695,000	60,990	1,755,990
Total (l'Algérie non comprise)	135,025,589	123,109,939	259,135,528
Algérie (Tableau général du commerce, 1864, pages 4 et 5)	76,669,898	141,628,033	218,297,931
Totaux (l'Algérie comprise)	211,695,187	264,737,972	477,433,459

Deuxième tableau.

Extrait des Notices sur les Colonies françaises, publiées par ordre du Ministre de la Marine, en 1866, pages 104 — 126 — 138.139 — 149 — 207 — 225 — 277.278 — 341.342 — 415.416 — 492.493 — 534 — 604 et 783.

COLONIES ET COMPTOIRS.	ANNÉES.	ENTRÉES.						SORTIES.					
		NAVIRES.			TONNAGES.			NAVIRES.			TONNAGES.		
		FR.	ÉTR.	TOT.	FRANÇ.	ÉTR.	TOTAL.	FR.	ÉTR.	TOT.	FRANÇ.	ÉTR.	TOTAL.
Saint-Pierre et Miquelon. .	1862	322	88	410	58,118	Manq.	58,118	322	82	404	53,118	Manq.	53,118
Guadeloupe et dépendances.	1862	421	214	635	54,290	17,941	72,231	420	214	634	54,498	18,472	72.970
Martinique.	1862	444	270	714	86,448	25,443	111,891	460	271	731	90,143	26,843	116,986
Guyane	1863	47	67	114	12.124	10,876	23,000	44	65	109	11,314	10,470	21,784
Sénégal et dépendances . .	1861	571	19	590	37,668	1,265	38,933	567	16	583	36,843	1,342	38,185
Gr.-Bassam, Assinie, Dabou.	»	Les chiffres ne sont pas donnés.						Les chiffres ne sont pas donnés.					
Gabon	1862	15	23	38	3,788	4,427	8,225	Les sorties ne sont pas indiquées.					
Réunion et dépendances. .	1861	405	93	498	141,445	20,167	161,612	350	94	444	119,597	Manq.	119,597
Mayotte et dépendances . .	1861	79	119	198	3,982	5,751	9,733	87	183	270	4,389	6,152	10,541
Saïgon ou Cochinchine .	1864	82	213	295	36,662	53.699	90,361	79	189	268	55,522	46,438	101,960
Otaïti et dépendances. .	1864	Manque.		213	»	»	»	Manque.		218	»	»	15,776
Marquises	»	Néant.		»	»	»	»	Néant.		»	»	»	»
Nouvelle-Calédonie. . .	1864	4	23	27	2,063	6,137	8,200	4	24	28	1,974	6,181	8,165
Sainte-Marie de Madagascar	»	Les chiffres ne sont pas donnés.						»	»	»	»	»	»
Pondichéry et dépendances.	1862	156	444	600	27,060	Manq.	27,060	160	464	624	47.760	Manq.	47,760
Total (Algérie non comprise)		2,546	1,573	4.332	463,648	145,706	625,162	2,493	1,602	4,313	475.158	115,898	606,832
Algérie	1864	287	1,054	1,311	62,906	48,306	111,212	239	1,666	1,905	58,732	82,184	140,916
Totaux (Algérie comprise)		2.833	2,627	5,673	526,554	194,012	736,374	2,732	3.268	6,218	533,890	198,082	747,748

Troisième tableau.

Etat de toutes les colonies européennes.

COLONIES FRANÇAISES.

I. *En Amérique.* — 1. Saint-Pierre et Miquelon, îles de la côte orientale de l'Amérique du Nord. 2. La Guadeloupe et ses dépendances, la Désirade, Marie-Galante, les Saintes, et les deux tiers de St-Martin. 3. La Martinique, dans les Antilles comme la Guadeloupe. 4. Cayenne dans la Guyanne française.

II. *En Afrique.* — 5. L'Algérie (l'ancienne Numidie). 6. Le Sénégal et ses dépendances : Gorée, Albréda. 7. Le Grand Bassam. 8. L'Assinie. 9. Le Dabou. 10. Le Gabon. Ces quatre établissements sont dans la Guinée. 11. La Réunion, dans la mer des Indes, et ses dépendances : Saint-Paul et Amsterdam. 12. Mayotte dans l'archipel des Comores et sa dépendance : Nossibé sur la côte N.-O. de Madagascar. 13. Sainte-Marie sur la côte orientale de Madagascar ; toutes dans la mer des Indes. 14. Zoulla et Obok sur la côte d'Abyssinie dans la mer Rouge. Etablissements encore à l'état de projet.

III. *En Asie.* — 15. Pondichéry et ses dépendances : Karical et Yanaon, sur la côte Coromandel ; Mahé sur la côte Malabar, et Chandernagor dans le Bengale. 16. La Cochinchine. Le caractère de cet établissement est encore indéterminé ; il n'est porté ici comme colonie que par assimilation.

IV. *Dans l'Océanie.* — 17. Otaïti et ses dépendances, comprenant l'Archipel des îles de la Société, et celui des îles Basses. La France ne les possède qu'à titre de protectorat. 18. Les Iles Marquises. 19. La Nouvelle-Calédonie.

COLONIES ANGLAISES.

I. *Dans l'Amérique du Nord.* — 1. Le Bas-Canada. 2. Le Haut-Canada. 3. Le Nouveau-Brunswick. 4. La Nouvelle-Écosse. 5. Le Cap Breton. 6. L'Ile du Prince-Edouard. Chacune de ces colonies a sa législature, à l'instar de la Grande-Bretagne. 7. Terre-Neuve. Elle n'a qu'un Conseil. 8. La Jamaïque. 9. Antigoa. 10. La Barbade. 11. La Dominique. 12. La Grenade. 13. Monserrat. 14. Nevis. 15. Saint-Kitts (Saint-Christophe). 16. Saint-Vincent. 17. Tabago. 18. L'Anguille (Snake's Island). Ces onze colonies, appartenant à l'archipel des Antilles, ont chacune leur législature. 19. Sainte-Lucie. 20. La Trinité. 21. Les Vierges, comprenant Anegada, Gorda et Tortola. Ces Antilles n'ont chacune qu'un Conseil. 22. Les Bermudes, comprenant environ 400 îlots. 23. Les Lucayes ou îles Bahamas, comprenant environ 500 îlots. Ces îles sont situées sur la côte orientale, au S.-E. des États Unis. 24. Honduras ou Balize, une des provinces de la république de Guatemala. C'est une possession qui relève exclusivement de la Couronne.

II. *Dans l'Amérique méridionale.* — 25. Demerari, et sa dépendance Essequibo. 26. Berbice. Ces deux colonies de la Guyane n'ont qu'un Conseil.

III. *Dans la Méditerranée.* — 27. Malte et sa dépendance Gozzo. 28. Gibraltar. Ces deux colonies sont à proprement parler deux forteresses, dont le commerce serait à peu près nul, si elles n'étaient le dépôt de marchandises destinées à une immense contrebande, tant en Espagne qu'en Sicile, et par la Sicile en Italie. Les Anglais ont renoncé au protectorat des îles Ioniennes, qui font aujourd'hui partie du royaume de Grèce.

IV. *En Afrique.* — 29. Sierra-Leone et la Gambie. Cette colonie n'a qu'un Conseil. 30. L'Ascension, rocher presque incultivable. 31. Sainte-Hélène, lieu de relâche, presque sans commerce et sans culture. Ces deux colonies, situées à une distance presque égale de l'Afrique et de l'Amérique méridionale, ne sont que des points militaires. 32. Le Cap de Bonne-Espérance, divisé en deux gouvernements : le Cap et Huitenhagen et sa dépendance : Port-Natal. 33. Maurice, autrefois l'Ile de France et ses dépendances, Rodrigue, les Seychelles et les Amirantes. Elle n'a qu'un Conseil.

V. *En Asie.* — 34. Aden en Arabie et sa dépendance Périm qui commande le détroit de Bab-el-Mandeb. Ce sont des points militaires. 35. Ceylan à l'extrémité S.-O. de la presqu'île occidentale de l'Inde. 36. Tranquebar sur la côte Coromandel, cédé par les Danois, de même que Sérampour dans le Bengale. 37. L'immense empire de la Compagnie,

dont la Couronne a repris le gouvernement, et qui comprend toujours : 1° Les trois vastes Présidences de Calcutta sur le Gange, de Madras sur la côte Coromandel, et de Bombay au nord de la côte Malabar ; 2° Les dépendances de ces Présidences dont l'île Sainte-Hélène a été détachée depuis le changement de gouvernement, et qui comprennent encore l'île du Prince de Galles ou Pulopinang, Sincapour, et une portion de la presqu'île de Malacca ; 3. Enfin, au nord de l'Inde, plusieurs royaumes tributaires, le tout peuplé d'environ 200,000,000 d'habitants, parmi lesquels la loi hindoue, respectée par les Anglais, maintient les castes et autorise un esclavage qui, d'après une enquête ordonnée par le Parlement, comprendrait environ 12,000,000 d'individus, ou indigènes ou importés par les Arabes.

VI. *Dans l'Océanie.* — 38. La Nouvelle-Galles du Sud (New-South-Wales), dans la Nouvelle-Hollande ou Australie. 39. La Terre de Van Diemen ou Tasmanie, 40. La Rivière de Swan (Swan-River), dans la Nouvelle-Hollande ou Australie. Ces colonies ont chacune un Conseil.

COLONIES ESPAGNOLES.

I. *En Amérique.* — 1. Cuba. la reine des Antilles, depuis que la France a perdu sa belle colonie de Saint-Domingue, devenue indépendante sous le nom d'Haïti. 2. Porto-Rico. 3. Borrequin. 4. Vique.

II. *En Afrique.* — 5. Ceuta sur la côte septentrionale d'Afrique. 6. Les îles Canaries à l'est de la Sénégambie et quelques comptoirs sur la côte de Guinée.

III. *En Asie.* — 7. Les îles Philippines et leur dépendance les Mariannes, dans la mer de Chine, à l'est du Tonquin. Toutes les colonies espagnoles forment des capitaineries générales dont les gouverneurs ont des pouvoirs très-étendus.

COLONIES HOLLANDAISES.

I. *En Amérique.* — 1. Saint-Eustache. 2. Saba. 3. Un tiers de l'île Saint-Martin dont les deux tiers appartiennent à la France. 4. Curaçao avec ses dépendances, les îles d'Aruba, Bonaïres et Aves. Ces quatre colonies font partie des Antilles. 5. Surinam dans la Guyane.

II. *En Asie.* — 6. Batavia dans l'île Java. 7. Bancoolen, dans l'île de Sumatra. 8. Les Moluques. Ce gouvernement régit directement Amboine, Banda, Ternate et leurs nombreuses dépendances; il régit indirectement Gilolo et les autres Moluques soumises à des sultans indigènes, et où les Hollandais n'ont que des résidents. Enfin le même gouvernement s'étend de la même manière à la Papouasie et à l'archipel du Prince d'Orange. 9. Macassar, gouvernement qui garde le nom d'une ville détruite, et qui comprend toutes les terres possédées par la Hollande dans l'île de Célèbes.

III. *En Afrique.* — La Hollande ne possède que quelques forts pour la protection du commerce. Elle y avait fondé l'importante colonie du Cap de Bonne-Espérance, qui appartient maintenant à l'Angleterre.

COLONIES PORTUGAISES.

I. *En Europe.* — 1. Les Açores dans l'océan Atlantique.

II. *En Afrique.* — 2. Madère. 3. Les îles du Cap-Vert. 4. Plusieurs comptoirs dans le Congo. 5. Saint-Thomas dans le golfe de Guinée. 6. Mosambique, sur la côte orientale d'Afrique et ses dépendances. Le gouvernement de ces colonies est à peu près le même que celui des colonies espagnoles, mais il est modifié par l'influence anglaise, qui, néanmoins, y laisse subsister l'esclavage.

III. *En Asie.* — 7. Goa, sur la côte de Guzerate dans la presqu'île occidentale de l'Inde, avec ses dépendances Diu et Daman. 8. Timor, dont une partie appartient aux Hollandais et dépend de leur gouvernement des Moluques. 9. Macao, sur la côte de Chine.

COLONIES DANOISES.

I. *En Amérique.* — 1. Sainte-Croix. 2. Saint-Thomas. 3. Saint-Jean. Ces colonies font partie des Antilles. 4. Le Groënland, divisé en deux gouvernements sous le nom d'*inspectorats*, celui d'Egedesminde et celui de Julianeshaab.

II. *En Afrique.* — 5. Les établissements des Danois sur ce continent ne consistent qu'en quelques forts pour protéger le commerce. Quant aux colonies du Danemark en Asie, elles ont été vendues à la compagnie anglaise des Indes Orientales et elles font aujourd'hui partie, l'une de la présidence de Madras, l'autre de la présidence de Calcutta.

COLONIE SUÉDOISE.

En Amérique. — Saint-Barthélemi. Elle fait partie des Antilles.

COLONIES DES ÉTATS-UNIS D'AMÉRIQUE.

En Afrique. — 1. Liberia, sur la côte des Dents dans la Guinée. Cette colonie, constituée en République, a un parlement et un président, mais l'agent des États-Unis en est le véritable gouverneur.

COLONIES RUSSES.

En Europe, en Asie et en Amérique. — Les colonies agricoles et militaires de la Russie sont des concessions de territoire faites à des conditions avantageuses aux cultivateurs qui se présentent pour s'y établir. Ce ne sont pas, à proprement parler, des colonies dans le sens que nous avons attribué à ce mot, puisqu'elles sont toutes fondées par les Russes sur leur propre territoire, même en Europe. Ces colonies ne sont donc que la mise en culture d'une partie des immenses plaines de la Russie.

DEJEAN DE LA BATIE.

Paris, Imprimerie de H. CARION, rue Bonaparte,

ENCYCLOPÉDIE DU XIXe SIÈCLE

CONTENANT

LA BIOGRAPHIE ET PLUS DE 2,000 GRAVURES

51 volumes grand in-8° à double colonne.

TROISIÈME ET DERNIÈRE ÉDITION, PUBLIÉE EN OCTOBRE 1866

L'ENCYCLOPÉDIE DU XIXe SIÈCLE fut fondée sous l'inspiration de Cuvier et d'Ampère, et douze membres de l'Institut formèrent le comité de direction de cette œuvre immense que les journaux ont appelée la grande Encyclopédie du siècle.

Grâce à une excellente *Table méthodique*, qu'aucune autre Encyclopédie n'a pu produire, on peut faire dans l'ouvrage un cours particulier de chaque spécialité.

Entièrement renouvelée par sa 3e édition qui ne vieillira pas, l'ANNUAIRE ENCYCLOPÉDIQUE devant la compléter tous les ans, l'ENCYCLOPÉDIE DU XIXe SIÈCLE sera désormais sans concurrence, comme elle était déjà au dessus de toute comparaison.

PRIX DE L'OUVRAGE AVEC FACILITÉS DE PAIEMENT :

Sur papier jésus, **300** fr. — Sur vélin superfin, **400** fr.

PRIX DE LA RELIURE EN **28** TOMES :

Demi-Reliure anglaise, **50** fr. — Reliure pleine et ornée, **100** fr.

ANNUAIRE ENCYCLOPÉDIQUE

PUBLIÉ DEPUIS 1859

Par les Directeurs de l'ENCYCLOPÉDIE DU XIXe SIÈCLE

POLITIQUE. — ÉCONOMIE SOCIALE. — STATISTIQUE. — ADMINISTRATION
SCIENCES. — LITTÉRATURE. — BEAUX-ARTS. — AGRICULTURE. — COMMERCE. — INDUSTRIE. — BIOGRAPHIE
CARTES ET GRAVURES

Prix de chaque tome, équivalant à 11 vol. : **10** fr.; avec demi-reliure, **12** fr.; reliure pleine, **14** fr.
Prix de la collection. . . . . **60** fr. — **72** fr. — **84** fr.

1135. — Paris, Imp. H. Carion, rue Bonaparte, 64.